学成语
读《庄子》

小马车丛书编委会 编

中国地图出版社
北京

图书在版编目（CIP）数据

学成语 读《庄子》／小马车丛书编委会编．－－北京：中国地图出版社，2021.7
 ISBN 978-7-5204-2210-9

Ⅰ．①学… Ⅱ．①小… Ⅲ．①汉语－成语－通俗读物 Ⅳ．① H136.31-49

中国版本图书馆 CIP 数据核字 (2021) 第 028620 号

XUE CHENGYU DU ZHUANGZI

学成语 读《庄子》

出版发行	中国地图出版社	邮政编码	100054
社　　址	北京市西城区白纸坊西街3号	网　　址	www.sinomaps.com
电　　话	010-83494676 83543969	经　　销	新华书店
印　　刷	河北环京美印刷有限公司	印　　张	9
成品规格	170 mm × 240 mm		
版　　次	2021年7月第1版	印　　次	2021年9月河北第2次印刷
定　　价	28.80元		
书　　号	ISBN 978-7-5204-2210-9		

如有印装质量问题，请与我社联系调换

前　言

庄子是战国时期的一个奇人，虽然只做了一段时间管漆园的小吏，但他是一个伟大的思想家、哲学家和文学家。他继承和发展了老子的思想，与老子齐名，并称"老庄"。

庄子著作有《庄子》一书。《汉书·艺文志》著录《庄子》五十二篇，现仅存郭象注本保留下来的三十三篇，集中体现了庄子及其后学对政治、社会、人生、自然万物的思想主张。

庄子的想象力极其丰富，语言运用得心应手。他善于通过寓言故事讲道理，语言形象生动、睿智深刻。《庄子》一书既是一部思想恢宏的哲学著作，又是一部情文并茂的文学著作，被称为"文学的哲学，哲学的文学"。

《庄子》这部经典的出现，标志着战国时期，中国的哲学思想和文学语言已经发展到非常玄远的水平，是中国古代经典中的瑰宝。

一直以来，《庄子》被视为浪漫主义文学的鼻祖，对后世文学的发展产生了巨大的影响。闻一多先生曾说过，中国人的文化上永远留着庄子的烙印。

据统计，在诸子百家的经典中，《庄子》为我们提供的成语最多，有180多个，超过了《论语》。这些成语高度凝结了庄子的思想精髓，至今仍然有鲜活的生命力。

本书作者希望青少年通过阅读这些妙趣横生的成语，穿越时空，了解《庄子》一书博大精深的思想内核，品味其诗意与哲思融合的美妙，得到真善的启迪，从而思考自己的人生之路。

目　录

【内　篇】

一·逍遥游 …………………………………………… 1
鹏程万里 …………………………………………… 2
越俎代庖 …………………………………………… 6
大相径庭 …………………………………………… 10
材大难用 …………………………………………… 14
跳梁小丑 …………………………………………… 18

二·齐物论 …………………………………………… 23
朝三暮四 …………………………………………… 24
秋毫之末 …………………………………………… 28
沉鱼落雁 …………………………………………… 32
大梦初醒 …………………………………………… 36

三·养生主 …………………………………………… 41
游刃有余 …………………………………………… 42
踌躇满志 …………………………………………… 46
薪尽火传 …………………………………………… 50

四·人间世 …………………………………………… 55
螳臂当车 …………………………………………… 56

五·德充符 …………………………………………… 61
虚往实归 …………………………………………… 62

六·大宗师 ·· 67
相濡以沫 ·· 68
善始善终 ·· 72
莫逆之交 ·· 76

七·应帝王 ·· 81
虚与委蛇 ·· 82

【外　篇】

一·骈拇　马蹄 ·· 87
续凫断鹤 ·· 88
诡衔窃辔 ·· 92

二·在宥 ··· 97
甘拜下风 ·· 98
欢呼雀跃 ·· 102
独往独来 ·· 106

三·天地 ··· 111
洋洋大观 ·· 112
神乎其神 ·· 116
不肖子孙 ·· 120

大惑不解 …………………………………… 124

四·天道　天运 …………………………………… 129
只可意会，不可言传 …………………………………… 130
徒劳无功 …………………………………… 134

内 篇

一·逍遥游

人的精神要像鲲鹏一样展翅奋飞，

摆脱了自我、功利、名望……

才能达到无拘无束、自由自在"任我游"的逍遥境界。

鹏程万里

形容前程远大。

一、背景故事

这是《庄子》内篇开篇讲的一个鲲鹏的寓言。说北海里有一条鱼，名字叫鲲。鲲非常大，大得根本看不到它身体的边缘，后来鲲幻化为鸟，就是鹏。鹏鸟也很大，脊背就有几千里长。每当海水翻腾激荡的时候，它就借势迁徙到南海。这时它的翅膀拍打水面，能激起数千里的浪涛。

地上的蝉和小斑鸠听说了这件事，就议论起来："我们那么使劲儿地飞，也只能飞到榆树和枋树上。不过要是实在飞不上去，就落在地上好了，何必飞到九万里的高空再向南海去呢？"

庄子因此感叹：像蝉和斑鸠这样的动物，又怎么能理解鹏鸟的世界呢？这就像朝生暮死的菌类都不知道这世界还会天黑一样。而活不过秋天的蝉，又怎么能理解冬天的景物呢？

后来，人们就从鹏鸟的寓言中提炼出"鹏程万里"这个成语。

二、原文追溯

北冥有鱼，其名为鲲。鲲之大，不知其几千里也。化而为鸟，其名为鹏。鹏之背，不知其几千里也。怒而飞，其翼若垂天之云。是鸟也，海运则将徙于南冥。南冥者，天池也。

《齐谐》者，志怪者也。《谐》之言曰："鹏之徙于南冥也，水击三千里，抟扶摇而上者九万里，去以六月息者也。"

——节选自《庄子·逍遥游》

成语出处

成语出自："鹏之徙于南冥也，水击三千里，抟扶摇而上者九万里。"

注释

冥：通"溟"，这里指海。
水击：击水，拍水。这是写鹏翼拍水而飞。
抟：兼有拍、旋二义。
扶摇：旋风。

译文

鹏向南海迁徙时，击水行至三千里远，乘着旋风飞至九万里的高空。

成语背后的庄子

庄子 的哲学观点

人要像鲲鹏一样，
有不受束缚、自由的思想。

《逍遥游》是《庄子》一书的内篇开篇，也是庄子最核心思想的表达。他用鱼变鸟，展翅高飞的故事，表达了自己不受束缚的自由思想。鲲鹏已经够逍遥了，可在庄子的眼中还不彻底，因为它还要有所凭借，扇动翅膀依靠风的力量才能飞翔，如果连风都不用，那才是毫无束缚的自由。

逍遥，意思是没有什么约束，自由自在。逍遥游，就是没有任何束缚地、自由自在地活动。庄子认为要达到真正自由自在的境界，就要突破空间和时间的束缚，不为物所困，必须"无己""无功""无名"，从而实现精神上的自由。

知识补充

自古以来，人们一直喜欢用庄子笔下的鹏来比喻志存高远的人，所以，"鹏程万里"充满了赞誉之意，人们经常用这个成语鼓励那些志向、目标远大的人。

此外，表达志存高远的诗句也有很多，如毛泽东年轻时就在他的诗作中发出"自信人生二百年，会当水击三千里"的志向宣言，直到晚年仍在吟唱"久有凌云志，重上井冈山"。王勃在《滕王阁序》中也留下"老当益壮，宁移白首之心？穷且益坚，不坠青云之志"的千古名句。

越俎代庖

比喻超过自己的职务范围，去处理别人所管的事情。

一、背景故事

尧听说许由十分贤能，就打算把天下让给许由。

有一天，他对许由说："许由啊，你看，太阳和月亮都出来了，而火把还不熄灭，它要和日月比光，不是很难吗？时雨都已经降落，而还在用人力浇灌，这对于润泽禾苗，不是徒劳吗？你如果立为天子，天下就可太平，而我还占着这个位子，自己觉得很惭愧，请让我把天下交给你。"

许由说："你治理天下，天下已经太平了，而我还来代替你，我是为了名吗？名是实的附属品，难道我是为了这区区附属品吗？鹪鹩在深林里筑巢，只不过一根树枝就够了；偃鼠到河里喝水，只不过喝饱肚皮就行了。你请回吧！天下对我来说毫无用处。厨师虽然不尽职，尸祝也不必越位而代替他去烹调。"

二、原文追溯

尧让天下于许由，曰："日月出矣，而爝火不息，其于光也，不亦难乎！时雨降矣，而犹浸灌，其于泽也，不亦劳乎！夫子立而天下治，而我犹尸之，吾自视缺然，请致天下。"

许由曰："子治天下，天下既已治也，而我犹代子，吾将为名乎？名者，实之宾也。吾将为宾乎？鹪鹩巢于深林，不过一枝；偃鼠饮河，不过满腹。归休乎君！予无所用天下为。庖人虽不治庖，尸祝不越樽俎而代之矣！"

——节选自《庄子·逍遥游》

成语出处

成语出自："归休乎君！予无所用天下为。庖人虽不治庖，尸祝不越樽俎而代之矣！"

注释

为：语气助词。
庖人：厨师。
治庖：管理烹饪的工作。
尸祝：祭祀中执祭版对神主祷祝的人。
樽：盛酒器具。
俎：盛肉的器具。

译文

你请回吧！天下对我来说毫无用处。厨师虽然不尽职，主持祭祀的人也不必越位而代替他去烹调。

成语背后的庄子

庄子 的哲学观点

名利会束缚住人的天性和自由精神。

庄子通过这个成语告诉我们三层意思：一是干好自己职责范围内的事情，不要超越自己的职权去做不应该自己干的事情；二是不要去追求名利，在庄子看来名利都是身外之物，实才是最重要的东西；三是在一些人看来，当君王管理国家是人生成功的顶峰，但在庄子看来则是一个虚名。"天下"是最诱惑人的，能够抵挡住这最大的诱惑，就能抵挡住任何其他诱惑，也才能真正得到无拘无束的自由，达到逍遥自在的境界。

知识补充

许由洗耳

传说尧想把帝位让给许由。许由拒绝了尧，连夜跑到箕山下面的颍水边去居住。尧因此举认为许由谦虚，更加敬重，又派人去请他来做九州长，许由听了更加厌恶，赶快跑到颍水边上，捧起水来洗自己的耳朵，好像这些话会弄脏他的耳朵一样。许由的朋友巢父见了，直言许由如今整天在外招摇使自己有了名声，却跑到这里来洗耳，把水都弄脏了，小牛喝了这水会弄脏自己的嘴。然后巢父就牵着自己的小牛到上游喝水去了。

大相径庭

指彼此相差很远或矛盾很大。

一、背景故事

肩吾问连叔说:"我听接舆说话,夸张而不着边际,而且越说越离奇,就好像天上的银河一样没有边际,跟一般人的言谈差异甚远,荒唐到了不近人情的地步。"

连叔问:"他说什么呀?"

肩吾说:"他说:'在藐姑射山上住着一位神人,肌肤洁白得像冰雪一样,身姿柔美得像处女;不吃五谷杂粮,吸清风饮露水;乘着云气,驾着飞龙,遨游于四海之外;他的神情凝聚专一,能使万物不受灾害而五谷丰登。'我认为他的话是虚妄夸张而不能相信的。"

连叔说:"是这样的。失去视觉的人无法看到花纹的美丽,耳聋的人无法听到钟鼓的乐声。难道只有身体上才有聋有瞎吗?其实思想上也是有这样的缺陷的。上述这些话,指的就是你。"连叔言下之意是肩吾还没达到接舆那样自由自在、不受万物约束的境地,所以领会不了接舆的话意。

二、原文追溯

　　肩吾问于连叔曰："吾闻言于接舆，大而无当，往而不返。吾惊怖其言，犹河汉而无极也；大有径庭，不近人情焉。"

　　连叔曰："其言谓何哉？"曰："'藐姑射之山有神人居焉，肌肤若冰雪，绰约若处子；不食五谷，吸风饮露；乘云气，御飞龙，而游乎四海之外；其神凝，使物不疵疠而年谷熟。'吾以是狂而不信也。"

——节选自《庄子·逍遥游》

成语出处

　　成语出自："吾闻言于接舆，大而无当，往而不返。吾惊怖其言，犹河汉而无极也；大有径庭，不近人情焉。"

注释

无当：不切实际。
往而不返：一往无前而不回头。
惊怖：惊恐。
河汉：指天上的银河。
极：边。

译文

　　我听接舆说话，夸大而不着边际，只顾侃侃而谈而不去相互印证。我惊骇他的言论像银河那样无边无际；他的话与常人之言相去甚远，荒唐到了不近人情的地步。

成语背后的庄子

庄子 的哲学观点

**肉体可以瞎,心灵不能瞎。
人不能让外物遮挡住内心的眼睛。**

在庄子看来,肩吾从世俗的角度看问题,接舆从道的角度看问题,两人所持观点会相差十万八千里的原因就在于,一个被外物所迷惑,一个摆脱了外物的束缚。

庄子通过这个故事告诉我们的哲理是,肉体可以瞎,但心灵不能瞎。人不能让外物遮挡住内心的眼睛。

尽管被连叔反驳,但肩吾讲的这段话却为我们提供了几个成语,如大而无当、不近人情、吸风饮露、冰肌玉骨。

知识补充

大相径庭,现在一般指彼此相差很远或矛盾很大。而庄子的本意,则侧重于世俗的思想与自由的思想有着天壤之别。真正的神人,能够顺应自然的一切变化,摆脱世俗的一切束缚。

材大难用

能力强难用于小事，形容怀才不遇。

一、背景故事

庄子与惠子经常辩论，互不服输。

有一天，惠子对庄子说："我有一棵大树，树名叫樗。它的主干疙瘩盘结，不符合绳墨的要求，它的小枝也都弯弯曲曲而不合规矩。这树生长在路边，木匠都不屑一顾。现在你讲的话就跟这大树一样，夸大而不实用，有谁会相信呢？"

庄子轻笑着，摇了摇头对惠子说："你拥有这么一棵大树，却在担忧它没有用处。如果你把它栽种在无边无际的旷野里，你也正好可以悠然自得地徘徊于树旁，逍遥自在地躺卧于树下；它不会遭到刀斧的砍伐，没有东西来伤害它，因为它没有什么用处，哪里还会有什么困苦呢？"

二、原文追溯

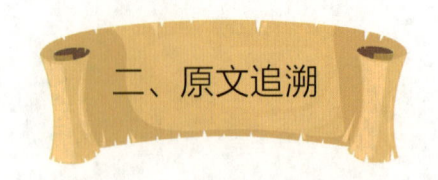

惠子谓庄子曰："吾有大树，人谓之樗，其大本拥肿而不中绳墨，其小枝卷曲而不中规矩，立之涂，匠者不顾。今子之言，大而无用，众所同去也。"庄子曰："……今子有大树，患其无用，何不树之于无何有之乡，广莫之野，彷徨乎无为其侧，逍遥乎寝卧其下；不夭斤斧，物无害者，无所可用，安所困苦哉！"

——节选自《庄子·逍遥游》

成语出处

成语出自："吾有大树，人谓之樗，其大本拥肿而不中绳墨，其小枝卷曲而不中规矩，立之涂，匠者不顾。今子之言，大而无用，众所同去也。"

注释

樗：臭椿。
大本：主干。
拥肿：即"臃肿"，这里指树干疙瘩盘结。
中：符合。
绳墨：打直线的墨线。
涂：道路。

译文

我有一棵大树，人们都叫它樗。它的树干疙瘩盘结，不符合绳墨的要求，它的小枝弯弯曲曲，也不合规矩，生长在道路旁，木匠都不屑一顾。现在你的话夸大而不实用，大家都不愿意再听了。

成语背后的庄子

庄子 的哲学观点

有用与无用是相对的，无用从不同的角度看更为有用。

　　惠子坚持大不可用的观点，继而举出自己有棵不成材的大树的例子。庄子开导惠子，大有大的用处，不要局限于已有的思维。像樗，在木匠眼中虽不是做可用之材，但是把它放在空旷的原野里，一样可以给人们遮阳蔽荫，发挥它应有的作用，而且还不会受到人为或天灾的伤害。

　　庄子开导惠子还用了一个大葫芦的故事。一次，惠子对庄子说，魏王给了他大葫芦的种子，他把它种植成熟，结了一个特别大的葫芦。惠子觉得这个葫芦过大没有用处，最后将它打碎了。庄子对惠子说："为什么不系着当作腰舟而浮游于江湖之上呢？"

　　在庄子看来，有用与无用是相对的，无用从不同的角度看更为有用。每个人只要找准自己的位置，就会发挥出应有的作用。

知识补充

　　材大难用，今天多指怀才不遇。其实，庄子一方面强调用人者应有宽广的胸怀，能识才还会用才，使人尽其才；另一方面强调有大才者自己也要找到适合发挥才能的地方。其实每个人都有各自不同的才能，不必因为没有他人拥有的长处而苦恼，所以，龚自珍在诗中写道："我劝天公重抖擞，不拘一格降人才。"

跳梁小丑

指上蹿下跳、兴风作浪的卑劣小人。

一、背景故事

庄子和惠子经常在一起辩论，对于惠子攻击自己所讲的话大而无用时，庄子也会巧妙地进行反击。

一天，他俩又在一起辩论，突然看到院门外有人正在欺负小商贩。庄子灵机一动对惠子说："你看到过野猫和黄鼠狼吗？它们低着身子匍匐于地，等待时机猎取那些出来活动的小动物。它们东跑西跳，不避高低，就怕守着的猎物从别处跑了，却不知猎人在它们的周围设下了捕猎的机关，自己会死于网罗之中。"

庄子接着说："你看，门前这位凭着自己人高马大就欺负弱小，殊不知在他身后藏着能真正治理他的人，他的行为和野猫、黄鼠狼东跑西跳的行为又有何区别？"

二、原文追溯

庄子曰："子独不见狸狌乎？卑身而伏，以候敖者；东西跳梁，不辟高下，中于机辟，死于罔罟。今夫斄牛，其大若垂天之云。此能为大矣，而不能执鼠。"

——节选自《庄子·逍遥游》

成语出处

成语出自："子独不见狸狌乎？卑身而伏，以候敖者；东西跳梁，不辟高下，中于机辟，死于罔罟。"

注释

子：你，此处指惠子。
狸：野猫。
狌：黄鼠狼。
卑：低下。
敖者：指嬉游的小动物。
跳梁：即跳踉，腾跃跳动的意思。
辟：同"避"，避开。
机辟：泛指捕兽工具。
罔：同"网"。
罟：网的统称。

译文

你难道没有看到野猫和黄鼠狼吗？它们低下身伏在地上，伺机猎取出来活动的小动物；东跑西跳，不避高低，往往触到机关，死于网罗之中。

成语背后的庄子

庄子 的哲学观点

真正体悟道而充满了智慧的人，不仅会用大，也会用小。

小的事物虽然有其独特的作用，但是若不能用到正确的地方，到头来还会招来灾祸。在解决了"有用"与"无用"可相互转换的问题后，庄子又解释了怎么用才能恰到好处的问题。

庄子告诉人们，真正体悟道而充满智慧的人，不仅会用大，也会用小。庄子还讲了一个有关不皲裂手的药的故事。有一个宋国人善于制作不皲裂手的药物，因为他家世世代代都以漂洗丝絮为业，手长时间泡在水里容易皲裂，需要这种药来缓解。一天，有一个客人知道了此事，愿意出百金收买他的药方。宋人召集全家族人商量后便把药方卖给了这个客人。这个客人用这个药方去游说正在与越国交战的吴王。吴王就让他用这药方在冬天与越国打水战，结果打败了越国。吴王最后封赏了这个客人。同样一个药方，用得好，便有了大效益。

知识补充

跳梁小丑，今天多指一些小人看似精明，在生活的舞台上跳来跳去，甚至兴风作浪，但终究成不了大气候，还会成为人们的笑柄。而庄子则强调人要有大的视野和胸怀，对大自然馈赠给我们的任何事物都能加以合理、恰当的运用。

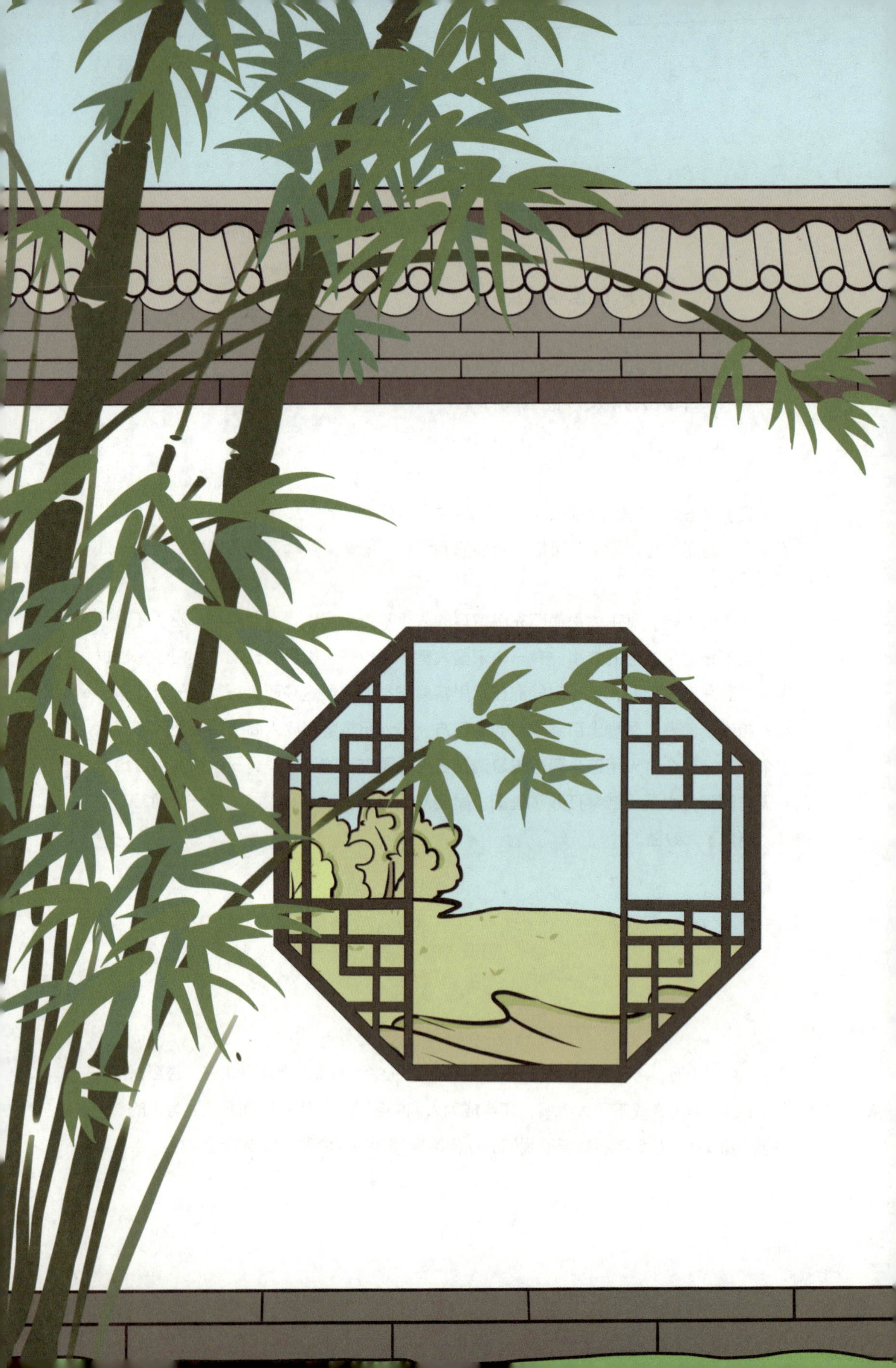

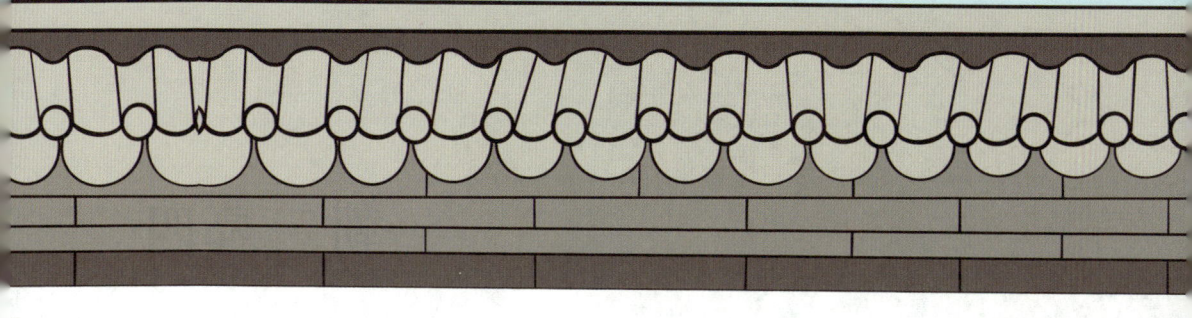

二·齐物论

朝三暮四，朝四暮三，名与实，本质没有改变。

世界万物千差万别，归根结底却又是齐一的，这就是"齐物"；

言论看法千差万别，归根结底也应是齐一的，这就是"齐论"。

朝三暮四

原比喻聪明人善于使用手段愚笨的人不善于辨别事情,后来形容反复无常。

一、背景故事

《庄子》里记载了一则寓言故事，有个宋国人特别喜爱猴子，就在家里养了许多猴子，因此，大家都亲切地叫他"狙公"。时间久了，狙公可以理解猴子们的意思，猴子们也能听懂狙公的话。

有一年，宋国发生了灾荒，人们的生活变得十分艰难。

> 早上三颗，下午四颗和早上四颗，下午三颗，不都一样嘛，你们这群傻猴子啊！

狙公没有办法，准备减少猴子们的食物，就哄骗它们说："以后，我给你们橡子吃，早上三颗，晚上四颗，你们看这样够吗？"猴子们听说早上只有三颗都站起来愤怒地朝着狙公吼叫。狙公连忙改口说："那我早上给你们四颗，晚上给你们三颗，这样总可以了吧？"猴子们非常满意，都不闹了。

二、原文追溯

其分也，成也；其成也，毁也。凡物无成与毁，复通为一。唯达者知通为一，为是不用，而寓诸庸。庸也者，用也；用也者，通也；通也者，得也；适得而几矣。因是已。已而不知其然，谓之道。劳神明为一，而不知其同也，谓之"朝三"。何谓"朝三"？狙公赋芧，曰："朝三而暮四。"众狙皆怒。曰："然则朝四而暮三。"众狙皆悦。名实未亏，而喜怒为用，亦因是也。是以圣人和之以是非，而休乎天钧，是之谓两行。

——节选自《庄子·齐物论》

成语出处

成语出自："狙公赋芧，曰：'朝三而暮四。'众狙皆怒。曰：'然则朝四而暮三。'众狙皆悦。"

注释

狙：猴子。狙公，养猴子的老翁。
赋：分给。
芧：即山栗，又名橡子。

译文

养猴子的老翁给猴子分山栗时说："早上给三个，晚上给四个。"猴子们都发怒了。他又说："那么，我早上给你们四个，晚上给三个。"猴子们都十分高兴。

成语背后的庄子

庄 子 的哲学观点

事物并无不同，
喜与怒却各为所用而有了变化，
产生了不同的理解。

庄子的哲学观点：事物并无不同，喜与怒却各为所用而有了变化，产生了不同的理解。

朝三暮四与朝四暮三，其实数量上并无增减，猴子们不知道这个道理，但它们的喜与怒却发生了急剧变化。因此，古代圣人认为事物无二无别，把是与非混同起来，悠游自在地生活在自然而又均衡的境界里，这就叫物与我各得其所、自行发展。

知识补充

朝三暮四这个故事原本阐述了这样一个哲学道理，无论是"朝三暮四"还是"朝四暮三"，其实猴子们所得到的并没有增多，也没有减少，猴子们"喜怒为用"就显得很可笑，比喻聪明的人善于使用手段，愚笨的人不善于辨别事情。后来，有的人在运用这个成语时，并不十分清楚它的内在含义，将它和"朝秦暮楚"相混同。其实"朝秦暮楚"指的是战国时期秦、楚两个大国对立，有些小国家为了确保自身的利益和安全，一会儿倒向秦国，一会儿倒向楚国，指人反复无常。"朝三暮四"本来与此无关，但时间久了，大家就习惯把"朝三暮四"也理解为反复无常了。

秋毫之末

比喻极微小的事物。

一、背景故事

庄子认为道中极小亦是极大，瞬间也是永恒。所以世人认为秋季时动物新长出的细毛的末端是渺小之物的极致，而从道来说，没有什么比动物秋天换的新毛的末梢更大。同样，我们眼中的泰山应该是巨大之物，而从道来说，泰山是非常微小的。

庄子又说，没有谁能够比早早夭折的孩子更加长寿的了，相比之下，彭祖那八百年的寿命也不过是短短的一瞬间罢了。

你这话自相矛盾，到底何意？

庄先生啊，我才疏学浅，听不懂你的道理，你的话太高深了，佩服！佩服！

天地与我并生，而万物与我为一。在相对的世界里，天地是悠久存在的无限之物，自我必定是会衰亡的有限之物。但在绝对的世界里，天地永恒的生命与自我的转瞬即逝都是同为一体的。在大千世界之中，一切都存在着千差万别的姿态，万物之中，自我也不过是微不足道的渺小之物。

二、原文追溯

天下莫大于秋豪之末，而太山为小；莫寿于殇子，而彭祖为夭。天地与我并生，而万物与我为一。既已为一矣，且得有言乎？既已谓之一矣，且得无言乎？

……

六合之外，圣人存而不论；六合之内，圣人论而不议。《春秋》经世先王之志，圣人议而不辩。

——节选自《庄子·齐物论》

成语出处

成语出自："天下莫大于秋豪之末，而太山为小；莫寿于殇子，而彭祖为夭。天地与我并生，而万物与我为一。"

注释

秋豪：即"秋毫"，秋天鸟兽新生的毫毛，其末甚微。
太山：即泰山。
殇子：死于襁褓中的婴儿。
夭：短命。
天地与我并生，而万物与我为一：天地与我同时存在，万物与我浑然一体。

译文

天下没有比秋毫之末更大的东西，而泰山却是小的；没有人比夭折的孩子更长寿，而活了八百岁的彭祖才是短命的。天地与我同时存在，万物与我浑然一体。

成语背后的庄子

庄子 的哲学观点

任何事物都是相对而言的，没有必要辩论。

　　任何事物都是相对而言的，没有必要辩论。凡是需要争辩的事情，都是自己看问题不全面，只执着于自己看见的那一面，而忽视了事物本源的统一性。

　　在庄子看来大小、长短都是相对的，不是绝对的。每一种东西都比它小的大，也都比它大的小。所以他举了秋毫与泰山、夭折的孩子与彭祖的例子。

　　所谓真理从不曾有过界限，言论也不曾有过定论，只因为人们认为只有自己的观点和看法才是正确的，这才有了这样或那样的界限和区别。对于人世以外的事，圣人总是把问题保留，暂不评论；对于人世以内的事，圣人只是泛泛地说而不细细评议。

知识补充

　　秋毫之末，今天人们多用来比喻极微小的事物。但庄子对此却有更深的理解，事物都是相对的，庄子曾提出"小而无内，大而无外"，秋毫之内还有更细小的，与此相比秋毫无疑是格外高大的泰山了。彭祖活了八百岁和早早夭折的婴儿相比寿命是更长久了，可比起三千年的大椿树，又何尝不是一个早夭的婴儿。

沉鱼落雁

形容女子容貌极美。

一、背景故事

有个叫啮缺的人，他问王倪怎么区分仁与义、是与非。王倪觉得很难解释，就先反问他："人类自称万物之灵长，坚信自己居住的方式、对食物的喜好才是最好的。但是换个思考方式，如果人长期生活在阴暗潮湿之地，很容易就会腰部患病甚至半身不遂，但是泥鳅会这样吗？人住到树上就会心惊胆战，惶恐不安，但是猴子会这样吗？你觉得在这三者之中，究竟谁才是真正懂得居住的标准的呢？食物亦如此，人以牲畜的肉为食，麋鹿吃青草，蜈蚣喜欢吃蛇脑，乌鸦则吞食老鼠，究竟谁最懂得真正的美味？"

"至于美貌，也是如此。人们将毛嫱和丽姬奉为绝世美人，然而，鱼儿见了她们就深深地潜入水底，鸟儿见了她们就高高地飞向天空，麋鹿见了她们就撒开四蹄飞快地逃离。这样一来，人、鱼、鸟、麋鹿四者究竟谁才懂得天下真正的美色呢？以我看来，仁与义的端绪、是与非的标准都纷杂错乱，我怎么能知晓它们之间的分别呢？"

33

二、原文追溯

"……毛嫱丽姬,人之所美也;鱼见之深入,鸟见之高飞,麋鹿见之决骤。四者孰知天下之正色哉?自我观之,仁义之端,是非之涂,樊然殽乱,吾恶能知其辩!"

——节选自《庄子·齐物论》

成语出处

成语出自:"毛嫱丽姬,人之所美也;鱼见之深入,鸟见之高飞,麋鹿见之决骤。四者孰知天下之正色哉?"

注释

毛嫱丽姬:毛、丽皆为古代美人。
决骤:疾驰。引申为急速逃跑。

译文

毛嫱和丽姬,人们都认为她们美丽;但是游鱼见到她们就避入水底,鸟儿见到她们就飞上高空,麋鹿见到她们就急速逃跑。这四者究竟谁才懂得天下真正的美色呢?

成语背后的庄子

庄子的哲学观点

事物虽然千差万别，
但道心的本质是一致的。

据《庄子·天地》篇中介绍，尧的老师是许由，许由的老师是啮缺，啮缺的老师是王倪。此节选是啮缺在向王倪请教：为什么不同的主体对美的认识不一致？王倪给他举例说明，各自从自己的角度看问题，事物难有统一的标准。

其实，这是庄子在借王倪的口阐述自己的观点，即事物虽然千差万别，但道心的本质是一致的。因为不同的主体站在自己的角度看问题，都掺杂了自己的判断，便可能偏离了根本。因此，任何争论者都应当明白，不要自以为是，不能以自己的判断作为唯一正确的标准。

知识补充

中国四大美人

沉鱼落雁形容女子容貌极美。后来人们用"沉鱼落雁"和"闭月羞花"代表中国古代四大美女。毛嫱是春秋时期越国的绝色美女，与西施时代相当，相传为越王勾践的爱姬。最初人们对毛嫱画像的称道远远超过西施，应该是"沉鱼"的原始形象。"落雁"指的是王昭君，汉元帝时绝色美女王昭君在出塞嫁给呼韩邪单于时，天空飞过的大雁惊讶于她的美丽和她弹奏的悦耳的琴声，忘了摆动翅膀跌落到树林里。"闭月"指东汉时的貂蝉，她不仅美貌无双，能歌善舞，人还机敏。"羞花"是指唐代的杨贵妃。

大梦初醒

从一场大梦中刚醒过来。
比喻从迷惑或错误中恍然醒悟。

一、背景故事

长梧子给瞿鹊子讲了一个关于美人丽姬的故事。

丽姬是骊戎国艾地守封疆人的女儿，长得十分美艳。公元前672年，晋献公攻打骊戎，骊戎惨败。骊戎为求和，便将丽姬与其妹少姬献给晋献公。

听说要去晋国时，丽姬很不愿意，当时哭得泪水浸透了衣襟。

等她到了晋国后，晋献公非常宠爱丽姬，把她立为夫人。丽姬成为晋献公宠爱的夫人后，吃的是美味珍馐，穿的是绫罗绸缎。这时，她才后悔当时不该那样伤心地哭泣。

二、原文追溯

丽之姬，艾封人之子也。晋国之始得之也，涕泣沾襟；及其至于王所，与王同筐床，食刍豢，而后悔其泣也。予恶乎知夫死者不悔其始之蕲生乎！梦饮酒者，旦而哭泣；梦哭泣者，旦而田猎。方其梦也，不知其梦也。梦之中又占其梦焉，觉而后知其梦也。且有大觉而后知此其大梦也。而愚者自以为觉，窃窃然知之。

——节选自《庄子·齐物论》

成语出处

成语出自："丽之姬，艾封人之子也。晋国之始得之也，涕泣沾襟；及其至于王所，与王同筐床，食刍豢，而后悔其泣也……且有大觉而后知此其大梦也。而愚者自以为觉，窃窃然知之。"

注释

丽之姬：晋献公夫人。
王所：王宫。
筐床：安适之床。
刍豢：畜养的牛羊狗等，此指美味的肉食。
大觉：最清醒的人，指圣人。
窃窃然：明察的样子。

译文

丽姬，是骊戎国艾地守封疆人的女儿。晋国刚得到她的时候，她哭得泪水湿透了衣襟；等到进了晋献公的王宫里，与君主同睡在一个安适的床上，吃着美味的肉食，这才后悔当初不该哭泣……只有非常清醒的圣人，才明白人的一生好像是一场大梦。而愚昧的人却自以为清醒，好像对是非知道得很清楚。

成语背后的庄子

庄子的哲学观点

万物归一。
祸福、荣辱、生死本为一体，又相互转换。

庄子善于虚构人物。长梧子和瞿鹊子便是庄子虚构的人物，庄子借他们的口阐述自己的观点。

长梧子在讲了丽姬的故事后，又向瞿鹊子讲了人的梦与清醒的不同体验。他说："梦见饮酒作乐的人，天亮醒来后很可能就会遇到伤心事而哭泣；夜里梦见哭泣的人，天亮醒来后或许就会欢快地逐围打猎。当他在做梦的时候，他并不知道自己是在做梦。梦中又梦见在占卜梦的吉凶，醒来以后方知自己是在做梦。只有清醒的圣人才明白人的一生好像什么都知晓，什么都明了。"

庄子在《齐物论》中告诉人们：万物归一。祸福、荣辱、生死本为一体，又相互转换。他提醒我们，人生中不要被一时的贪恋束缚住心智，应时刻保持清醒的头脑。

知识补充

丽姬倾晋

丽姬成了晋献公的夫人后，野心日益膨胀。她想废去太子申生，让晋献公立自己的儿子奚齐为太子，就千方百计地挑拨晋献公与深受晋献公器重的三个儿子的关系。结果，太子申生被其逼迫自杀，公子夷吾和重耳出逃国外。晋献公死后，奚齐被立为国君，丽姬成了太后。只可惜，在为晋献公治丧期间，奚齐被刺杀，晋国大乱。

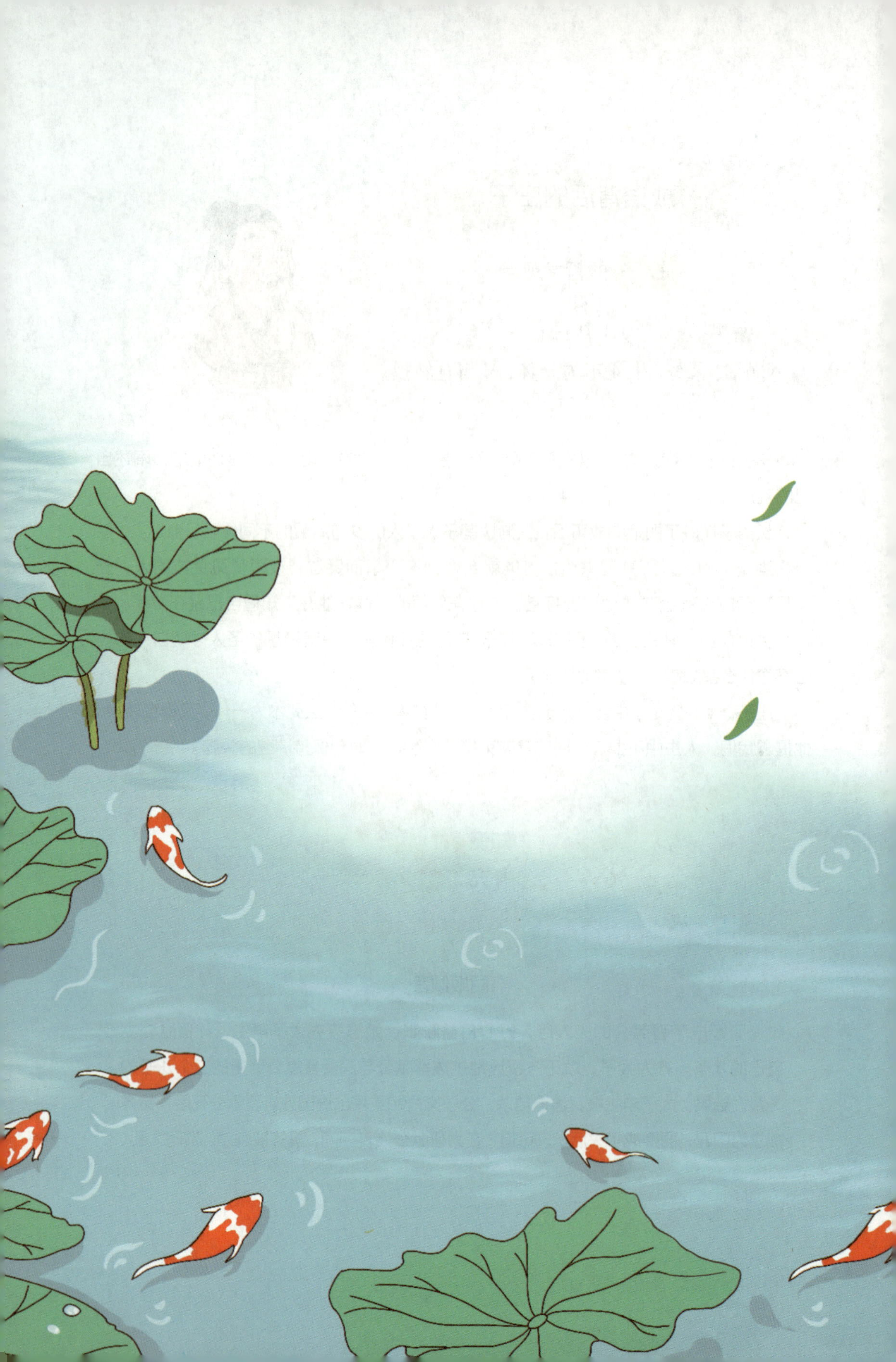

三 · 养生主

乱世险恶切莫惊恐，养生保命有其窍门……
顺应自然，忘却情感，抛弃外物，遵道而行。

游刃有余

形容做事熟练，轻而易举。

一、背景故事

梁惠王（又称文惠君）手下有一个叫丁的厨师，宰牛本领十分高妙。有一回，庖丁为梁惠王宰牛，只见他丝毫不费劲地就把牛的骨头和肉分割开来，手起刀落，干净利索。梁惠王看到赞叹不已："太厉害了，你的技艺为什么这么高超啊？"

庖丁笑着回答说："之所以能这样，是因为我非常熟悉牛的结构，掌握了其中的规律。开始时，我看到的都是整头的牛，学了三年之后，我对牛的关节、筋骨、下刀方法和用力大小，全都心中有数。现在把它们分开，自然毫不费力。"

梁惠王又问："那么，你使的这把刀一定非常锋利吧？"

庖丁轻轻挥了挥刀，对梁惠王说："一般的厨师用刀，一个月就要换一把，因为他们的刀刃经常碰到牛骨；优秀的厨师一年换一把刀，因为他们割肉时割钝了刀。可是我这把刀，已经用了十九个年头，宰杀了几千头牛，但它仍像新刀一样锋利。牛的骨节间有缝隙，而刀刃却薄得没有厚度，用没有厚度的刀刃切入有缝隙的骨节，宽宽绰绰，刀刃的游动运转肯定有足够的余地。所以我的刀用了十九年还像刚在磨刀石上磨过一样。"

二、原文追溯

庖丁释刀对曰："臣之所好者道也，进乎技矣。始臣之解牛之时，所见无非牛者；三年之后，未尝见全牛也。方今之时，臣以神遇而不以目视，官知止而神欲行。依乎天理，批大郤，导大窾，因其固然，技经肯綮之未尝，而况大軱乎！良庖岁更刀，割也；族庖月更刀，折也。今臣之刀十九年矣，所解数千牛矣，而刀刃若新发于硎。彼节者有间，而刀刃者无厚，以无厚入有间，恢恢乎其于游刃必有馀地矣。是以十九年而刀刃若新发于硎。"

——节选自《庄子·养生主》

成语出处

成语出自："今臣之刀十九年矣，所解数千牛矣，而刀刃若新发于硎。彼节者有间，而刀刃者无厚，以无厚入有间，恢恢乎其于游刃必有馀地矣。"

注释

硎：磨刀石。
节：骨节。
间：间隙，空隙。
无厚：没有厚度。
恢恢：宽绰的样子。
游刃：游动刀刃，指刀在牛体内运转。

译文

我的刀用到如今已经十九年了，宰过的牛也有数千头了。可是刀口还是像刚从磨刀石上磨出来的一样锋利。牛的骨节间有缝隙，而刀刃却薄得没有厚度，用没有厚度的刀刃切入有缝隙的骨节，宽宽绰绰，刀刃的游动运转肯定有足够的余地。

成语背后的庄子

庄子的哲学观点

吾生也有涯，而知也无涯。

庄子在《养生主》的开篇便提出："吾生也有涯，而知也无涯。"这是庄子对人生大彻大悟后得出的结论。人的生命是有限的，而知识是无穷尽的，是没有边际的。人生的"有涯"和认识的"无涯"之间的矛盾，是摆在每一个人面前，谁都得面对、都无法回避的问题。

庄子在该篇中讲了三个故事，而庖丁解牛便是其中最著名的一个。它通过厨师精湛的宰牛技艺，形象地描绘出掌握了规律、能够顺应自然的人生最高境界。

在庄子看来，人类社会的各种矛盾就好比牛身上的筋腱和骨头，如果处理不当，就会像筋骨碰坏刀刃那样，对于人自身有损害。庖丁解牛能达到"游刃有余"境界的原因在于"好道"，而道就是事物的规律。

知识补充

庄子的养生，不只是健康意义上的养生，更重要的是人的政治和社会层面的养生，指能够在异常险恶的政治和社会环境中保全自己，不被风浪所吞噬。从这个意义上讲，它实际上是社会人生的养生术。

踌躇满志

形容对自己的现状或取得的成就非常得意。

一、背景故事

庖丁向一旁的梁惠王讲述了自己的宰牛刀使用了十九年，仍如同刚从磨刀石上磨出来的一样锋利的原因后，又接着说出自己始终不敢掉以轻心，才会取得圆满的成功。

他说："虽然这样，每当遇上筋腱、骨节聚结交错的地方，我知道不容易下手，为此我依然格外谨慎不敢大意，目光专注，手脚缓慢，动刀十分轻微。当牛体哗啦啦全部分解开来时，就像是一堆泥土散落在地上一般。我提着刀站在那儿，环顾四周，悠然自得，心满意足，这才把刀擦干净收藏起来。"

梁惠王说："妙啊，我听了庖丁的这一番话，懂得养生的道理了。"

二、原文追溯

"……虽然，每至于族，吾见其难为，怵然为戒，视为止，行为迟，动刀甚微。謋然已解，如土委地。提刀而立，为之四顾，为之踌躇满志，善刀而藏之。"

文惠君曰："善哉！吾闻庖丁之言，得养生焉。"

——节选自《庄子·养生主》

成语出处

成语出自："动刀甚微。謋然已解，如土委地。提刀而立，为之四顾，为之踌躇满志，善刀而藏之。"

注释

微：轻。
謋然：筋骨解散的样子。
委：堆积。
踌躇满志：闲豫安适，从容自得的样子。
善刀：拭刀。

译文

刀子微微一动，牛就哗啦啦解体了，就像泥土溃散落在地上一般。我提刀站立，环顾四周，悠然自得，心满意足，然后把刀擦拭干净收藏起来。

成语背后的庄子

庄子 的哲学观点

人类社会是复杂的，人的生命是有限的，生活在这样一个复杂的社会中，要顺应自然之道，把它作为处世的法则。

庄子用这个故事说明要熟练地掌握事物，首先要把握事物的规律。庖丁刚开始解牛的时候，"所见无非牛者"，三年之后，"未尝见全牛也"，因为他已经掌握了牛体的结构。然后经过长期的实践，终于达到了"游刃有余"的境界。这一发展过程充分说明：要认识和掌握事物的规律，必须经过长期认真的实践过程。在技艺极为纯熟以后，庖丁解牛时仍然不敢掉以轻心，而要全神贯注下好每一刀。最后，才能取得自己满意的效果。

庄子认为，人类社会是复杂的，人的生命是有限的，生活在这样一个复杂的社会中，要顺应自然之道，把它作为处世的法则。不要为善去追求功名，也不要为恶而遭受刑辱，要善于避开一切矛盾、是非，"以无厚入有间"，在矛盾、是非的空隙中"保身""全生""养亲""尽年"。

知识补充

为什么将魏惠王称为梁惠王？

魏国最初定都在安邑（今山西夏县），虽经魏文侯变法成为战国第一个雄起的国家，但因西面受强秦的威胁，难以安定。为了排除强秦骚扰，占领中原腹地的有利地势，魏国便迁到了大梁（今河南开封），也称为梁国。所以，历史上的魏惠王也称为梁惠王。

薪尽火传

前一根柴刚烧完，后一根柴已经烧着，
火永远不熄，比喻师生传授，
学问和技艺一代代地继承下去。
也比喻种族、文化等代代相传。

一、背景故事

老子死了,他的老朋友秦失前去吊唁,仅仅哭了三声就走了。

秦失的弟子不解地问:"他不是先生的朋友吗?"

秦失听到后回答说:"当然是的。"

弟子又问:"那么这样吊唁行吗?"

秦失说:"当然可以。一开始我以为老子是世俗之人,而现在我不这样看了。方才我进去吊唁,看到有年长的人哭他就像哭自己的孩子一样;有年轻人哭他就像哭自己的母亲一样。那些在吊唁的人,一定有不想吊唁却要来吊唁,不想痛哭而痛哭的情况。这种情况是背弃自然,被世俗感情推波助澜而忘了人的生命都受于自然,古人称这种做法是违反自然天理所招致的刑罚。一个人来到世间,这是他顺时而生;离去了,这是他顺理而死。安于时运而顺应自然,一切哀乐之情就不能进入心怀,古人称此为自然的解脱。"

庄子很赞同秦失的说法,并说:"脂膏作为烛薪燃烧后就烧尽了,但火却可以传向别的烛薪,以至延续不已。"

二、原文追溯

老聃死，秦失吊之，三号而出。弟子曰："非夫子之友邪？"曰："然。""然则吊焉若此可乎？"曰："然。始也吾以为其人也，而今非也。向吾入而吊焉，有老者哭之如哭其子，少者哭之如哭其母。彼其所以会之，必有不蕲言而言，不蕲哭而哭者。是遁天倍情，忘其所受，古者谓之遁天之刑。适来，夫子时也；适去，夫子顺也。安时而处顺，哀乐不能入也，古者谓是帝之县解。"

指穷于为薪，火传也，不知其尽也。

——节选自《庄子·养生主》

成语出处

成语出自："指穷于为薪，火传也，不知其尽也。"

注释

指：通"脂"，脂膏。
穷：尽。
薪：柴火。

译文

脂膏作为烛薪燃烧是有烧完之时的，但火却可以传向别的烛薪，以至延续不已。

成语背后的庄子

庄子 的哲学观点

生与死，是我们无法回避的问题。

庄子认为人体秉承于自然，生与死是天道决定的。从出生起，人其实已经开始走向死亡。一个生命消失了，新的生命又诞生。生与死，循环往复，生生不息。认清了这个大道，就不会过于看重生死。庄子以火种的传递加以说明，不要过分看重肉体的生死，而要注重精神的长存。

知识补充

老子

老子是春秋时期著名的思想家，也是道家的创始人，著有《道德经》。据说，孔子曾向老子请教过关于礼的一些问题。庄子继承和发展了老子的思想，后人常常把他与老子并列，合称"老庄"。

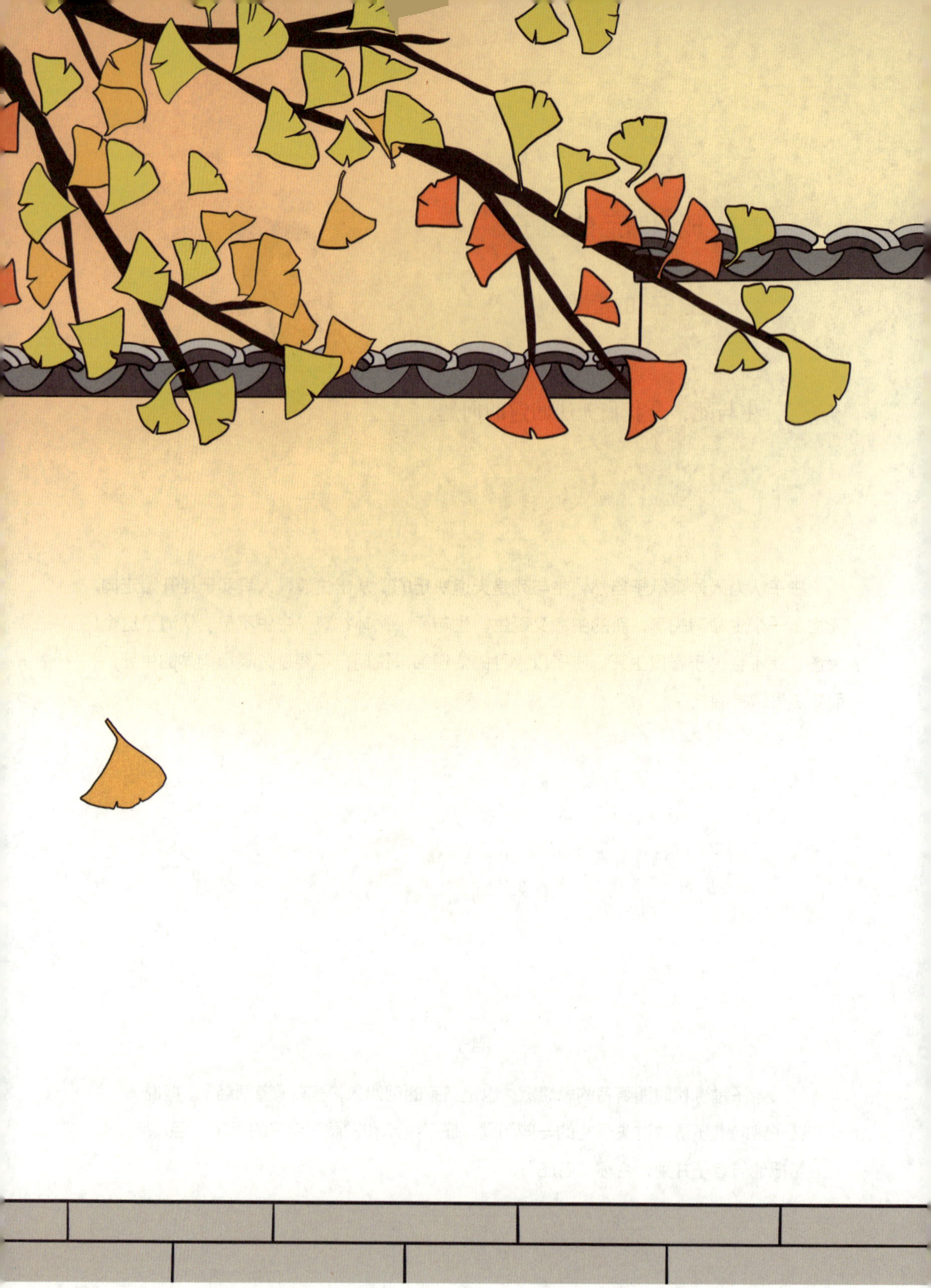

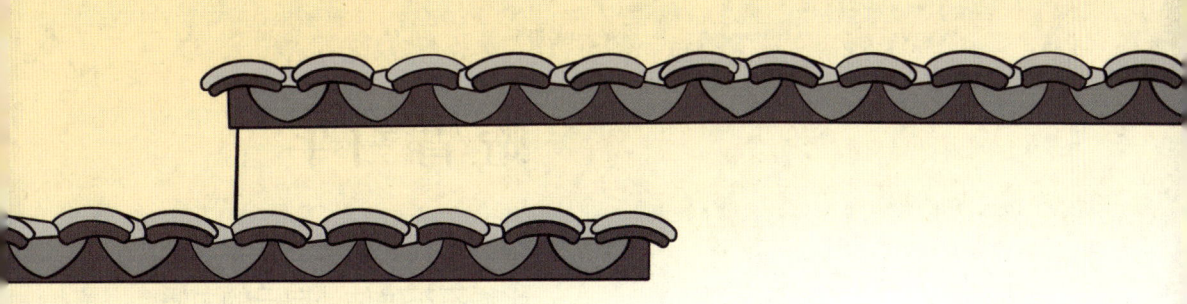

四·人间世

人世间,充满着杀戮与陷阱……

险境中的处世之道,要"心斋",虚以待物,

不要硬碰硬,以德正身,看似无用却有保全自己的大用。

螳臂当车

螳螂举起前腿想挡住车子前进。
比喻不正确估计自己的力量，
去做办不到的事情，
必然招致失败。

一、背景故事

颜阖将要去做卫灵公太子蒯聩的师傅，他问蘧伯玉说："如今有一个人天性刻薄，如果放纵他而不依法度规矩，就会危害我们的国家。如果用法度来规劝他，就会首先危及我。我该怎么办呢？"

蘧伯玉说："要警惕，要谨慎，首先要端正你自己！表面上不如表现出恭敬随顺的姿态，内心应存有调和诱导之意。对他的亲近不要太过分，诱导也不要太显露。过分亲近，你将会与他同流合污而使自己覆败毁灭，诱导太显露，他会认为你是为了争名声，这会给自己招致灾祸。你要慢慢寻找机会，再小心疏导他吧！"

说到这里，蘧伯玉给他举了一个例子说："你不知道那螳螂吗？奋力举起它的臂膀去阻挡车轮的前进，它不知道自己完全不能胜任，这是因为它把自己的本领看得太大的缘故。所以你要小心，要谨慎呀！"

二、原文追溯

蘧伯玉曰："……汝不知夫螳螂乎？怒其臂以当车辙，不知其不胜任也，是其才之美者也。戒之，慎之！积伐而美者以犯之，几矣！汝不知夫养虎者乎？不敢以生物与之，为其杀之之怒也；不敢以全物与之，为其决之之怒也；时其饥饱，达其怒心。虎之与人异类，而媚养己者，顺也。故其杀者，逆也。"

——节选自《庄子·人间世》

成语出处

成语出自："汝不知夫螳螂乎？怒其臂以当车辙，不知其不胜任也，是其才之美者也。戒之，慎之！积伐而美者以犯之，几矣！"

注释

汝：你。
怒：奋举。
当：抵挡。
辙：车轮辗过的痕迹，此处引申为车轮。
是：自是，自负。
积：经常。
伐：夸耀。
几：危殆。

译文

你不知道那螳螂吗？奋力举起臂膀去抵挡车轮的前进，它不知道自己不能胜任，这是因为把自己的本领看得太大的缘故。要警戒，要谨慎呀！经常夸耀自己的美才而触犯暴君的颜面，那就危险了！

成语背后的庄子

庄子 的哲学观点

任何时候都要顺势而为，量力而行。逆势而为和不自量力，必然失败。

庄子在这里告诉我们两层意思，顺势而为与量力而行。战国是一个异常凶险的时代，充满着杀戮与陷阱。在这种险境中，君王猛如虎，侍奉君主只能顺着君主的德性，不能逆性而为，使自己陷入险境。身处险恶的政治环境中，就要洞悉时势，顺势而为。另外，不能过高地估计自己的力量。螳螂奋力用臂膀去阻挡车轮，不知道自己的力量完全不能胜任，还以为自己强大无比。殊不知真正得道的人，在乱世中行事会量力而行，不会干以卵击石的傻事。

知识补充

蘧伯玉

蘧伯玉，名瑗，字伯玉。他为人宽厚慈惠，端肃正直，一生行为高洁，是卫国举国皆知的贤大夫。他主张以德治国，执政者以自己的模范行为去感化、教育、影响人民，体恤民生。他也是"无为而治"的开创者。

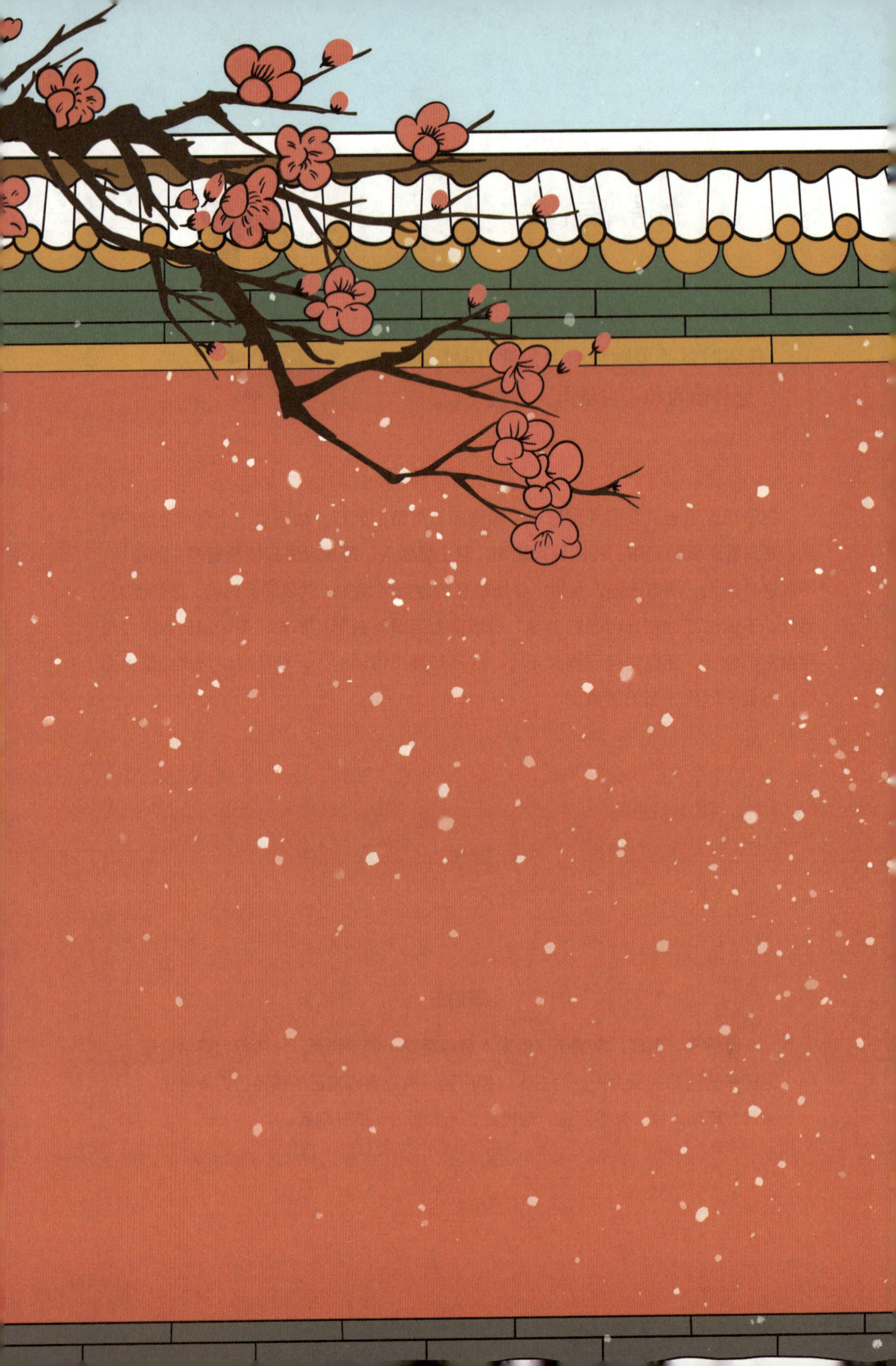

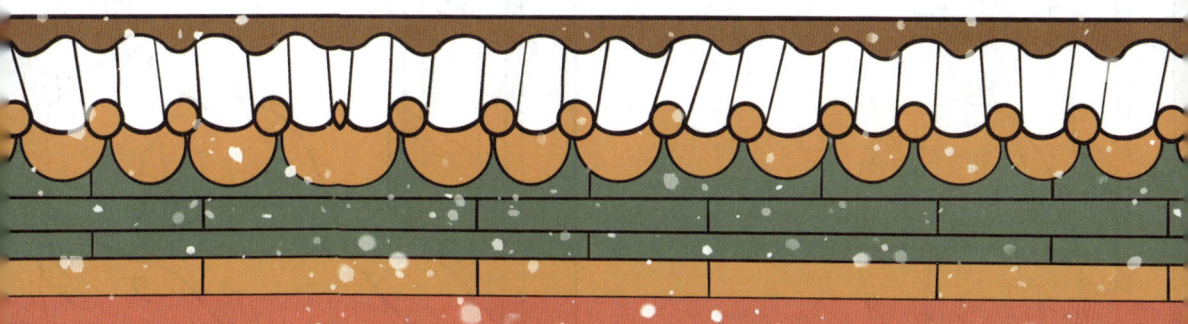

五 · 德充符

五个实证,忘记外形和价值判断,

内心德性的充盈会赢得人心,活出精彩。

虚往实归

无所知而往,
有所得而归。

一、背景故事

鲁国有一个独脚人叫王骀,别看他只有一只脚,跟他学习的人同孔子的弟子人数相等。

一天,孔子的学生常季问孔子说:"先生,王骀是一个被砍去一只脚的人,跟他学习的人和先生的弟子各占鲁国的一半。他对学生站着不加教诲,坐着不发议论,跟他学习的人求见时脑袋空空,却能充实而归。难道真的有不用言语进行教育,只用诚心感化人而不借助于形迹的吗?这是什么样的人呢?"

孔子对常季说:"王骀可是一个圣人呀!我只是落在后面而没来得及去求见。我将要拜他为师,何况不如我的人呢!岂止鲁国人,我还要引导全天下的人去跟他学习。"

常季说:"像他这样的人,是如何运用心智的呢?"

孔子说:"他这个人确实与众不同。生死虽是大事,可不会触动他的内心,影响他的心境。天塌下去,地陷下去,也不会使他有失落感。他通晓不可依靠外物的道理,所以不随外物的变化而变化,内心始终保持安定。外物不管怎么变化,他不为所动。如小变化,他的两只脚变成了一只脚;大变化,沧海变桑田,他都不理睬,仍然坚持自己的一贯宗旨。"

二、原文追溯

鲁有兀者王骀，从之游者与仲尼相若。常季问于仲尼曰："王骀，兀者也，从之游者与夫子中分鲁。立不教，坐不议，虚而往，实而归。固有不言之教，无形而心成者邪？是何人也？"仲尼曰："夫子，圣人也，丘也直后而未往耳。丘将以为师，而况不若丘者乎！奚假鲁国，丘将引天下而与从之。"

——节选自《庄子·德充符》

成语出处

成语出自："王骀，兀者也，从之游者与夫子中分鲁。立不教，坐不议，虚而往，实而归。固有不言之教，无形而心成者邪？是何人也？"

注释

王骀：虚构的人物。
兀：断去一足。
中分鲁：平分鲁国的学生。
无形：不见形迹。

译文

王骀是一个被砍去一只脚的人，跟他学习的人和先生（孔子）的弟子各占鲁国的一半。他对学生站着不加教诲，坐着不发议论，跟他学习的人求见时脑袋空空，却能充实而归。难道真的有不用言语进行教育，只是用诚心感化人而不借助于形迹的吗？这是什么样的人呢？

成语背后的庄子

庄子 的哲学观点

人的外形虽千差万别，但本质是一样的。

庄子在这一篇里连续讲了五个外形残疾、内心充实的人。

除了孔子为王骀所折服的故事外，庄子还讲了被砍去一只脚的申徒嘉与郑国的子产是同学，子产由最初以与申徒嘉同窗为耻，到后来理解了他身残却德性充实而感到羞愧的故事。第三个故事讲述了鲁国一个被砍去脚趾的人，名叫叔山无趾，他去孔子处求学，孔子自省见识浅陋，号召弟子向他学习的事情。第四个故事讲孔子在鲁哀公面前称赞奇丑无比的哀骀它是一个才智完备、德不外露的人。第五个故事讲的是一个跛脚、驼背、缺唇的人深得卫灵公的赏识，而一个颈上长着像瓮盎大的瘤子的人去游说齐桓公比常人还受到欢迎。五个小故事之后又用庄子和惠子的对话作为结尾，在庄子的眼里惠子恰是"德"充符的反证，还赶不上那些形残貌丑的。

上述提到的五个故事说明人的外形虽千差万别，但本质是一样的。有了人的形貌，不一定有人内在的真情。虚有其表，远不如那些顺应自然、容纳万物、内在德性充盈的貌丑形残之人。

知识补充

郑国子产

春秋时期郑国出了个贤明的人叫子产。他对内发展经济，对外采取灵活的外交策略，使郑国能够在晋国和楚国两个大国的争霸中得到安宁。孔子曾称赞他为"古之遗爱"。

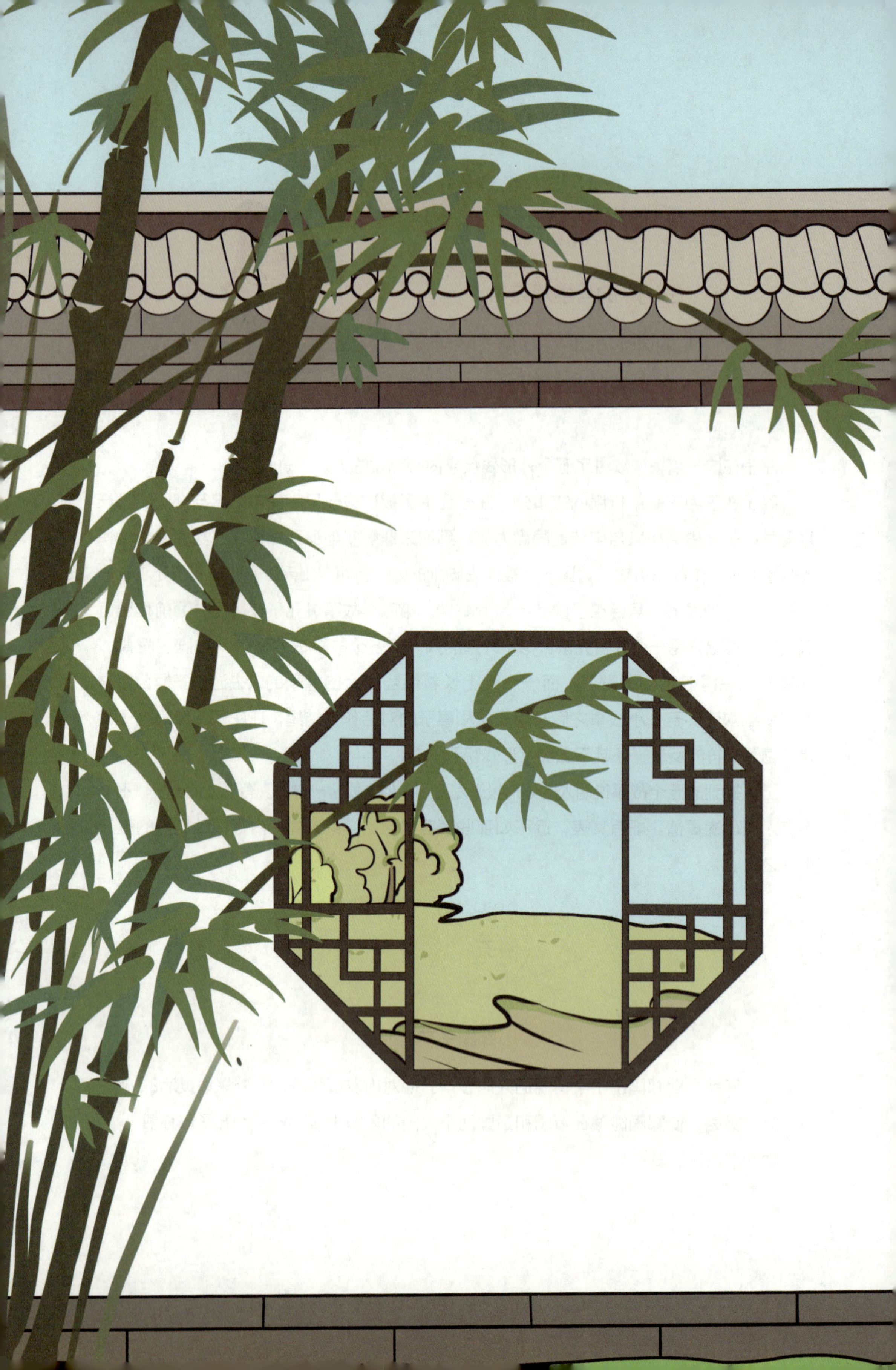

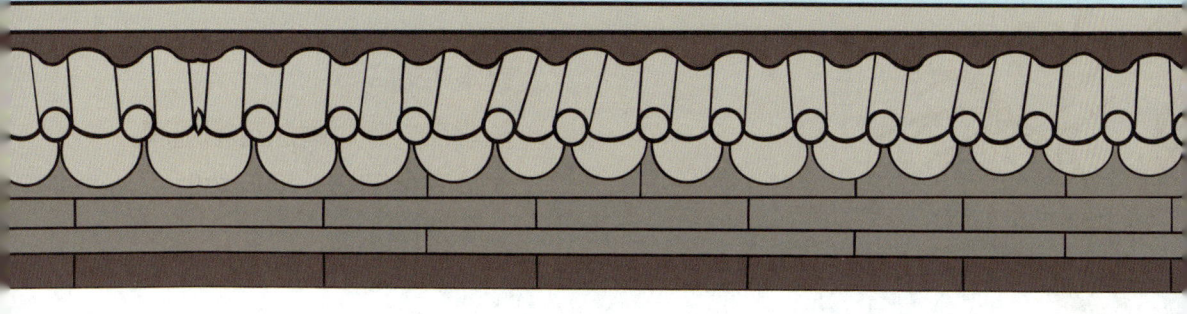

六·大宗师

人与自然浑然一体，人只是自然中的一分子，人类最值得敬仰、尊崇的老师——自然运行的法则：道。

相濡以沫

泉水干涸,
鱼靠在一起以唾沫互相湿润。
比喻同处困境,相互救助。

一、背景故事

　　有两条鱼一直自由自在地畅游在水中,饿了还可以捕捉点小虾充饥。有一天,情况突然大变,连续的大旱使上游的河水干涸了,它们一直畅游的水也慢慢干涸,最后露出了黑乎乎的土地。

　　两条鱼眼看着就要死去,但它们不想死,便紧紧地依偎在一起,互相呼气、互相吐出唾液来湿润对方。

　　庄子看后,发表了自己的看法:像这样相互用湿气和唾液延缓着生命,不如彼此相忘,在江湖里各自自由自在地生活。

二、原文追溯

泉涸，鱼相与处于陆，相呴以湿，相濡以沫，不如相忘于江湖。与其誉尧而非桀也，不如两忘而化其道。

夫大块载我以形，劳我以生，佚我以老，息我以死。故善吾生者，乃所以善吾死也。

——节选自《庄子·大宗师》

成语出处

成语出自："泉涸，鱼相与处于陆，相呴以湿，相濡以沫，不如相忘于江湖。与其誉尧而非桀也，不如两忘而化其道。"

注释

涸：水干。

呴：吐口水。

誉：赞美。

非：批评。

化其道：与大道化而为一。

译文

泉水干枯了，鱼儿就共同困处在陆地上，用湿气相互滋润，用唾沫相互沾湿，就不如在江湖里彼此相忘而自在。与其赞美尧（的圣明），批评桀（的暴虐），就不如善恶两忘而与大道化而为一。

成语背后的庄子

庄 子 的哲学观点

知天之所为，知人之所为者，至矣。

庄子在该篇中提出"知天之所为，知人之所为者，至矣"，是说知道天道自然运化之理，也知道人为的刑法礼义之迹，这就算达到了认识的最高境界。

接着，庄子提出了人生最为困惑的生与死的问题。他说，死和生均非人为之力所能安排，就好像黑夜和白天交替那样永恒地变化着，完全遵从自然法则"道"的安排。认识和掌握了"道"的"真人"，他降临人世并不欢欣，面临死亡并不抗拒，他只是自然而去，自然而来罢了。

庄子用两条鱼的故事告诉人们，只想求生而艰难地用唾沫相互帮助，不如相互忘记回到大江大湖自由生活，更不如愉快地面对和接受死亡，高高兴兴地回归大自然中。

知识补充

庄子曾说，古代的真人，不因为少而拒绝，不夸耀成功，不谋虑世事。只有达到了大道境界的人才能这样。古代的真人，睡觉时不做梦，醒来时不忧愁，吃东西不求甘美，呼吸深沉舒缓。古代的真人，不知道对生存感到欣喜，不知道厌恶死亡；他只是自然而去，自然而来罢了。古代的真人浑同万物，泯灭了好恶之分，把相同与不相同视作一致；处于混同心境时，则与自然为同类，处于差别境界时，就与世人为同类。把天和人看作是不抵触的，这就叫作真人。

善始善终

有好的开头，也有好的结尾。
指事情从开头到结束都做得很好。

一、背景故事

有人将船隐藏在山谷里，将山隐藏在深水里，可以说是十分可靠了。然而，半夜里有个大力士背着它们迁移走了，那人却还在睡梦中一点儿也不知道。

庄子说，把小物体藏在大物体里是很得当的，不过还是会有亡失。假如任物自然存在于天下是不会亡失的，这就是天地万物永恒的至理。

所以圣人生活在各种事物都不会亡失的环境里而与万物共存亡。他们乐观地看待生命的长短和生死，这就是圣人在遵循万物都遵循的大道。

二、原文追溯

夫藏舟于壑，藏山于泽，谓之固矣。然而夜半有力者负之而走，昧者不知也。藏小大有宜，犹有所遁。若夫藏天下于天下而不得所遁，是恒物之大情也。特犯人之形，而犹喜之。若人之形者，万化而未始有极也，其为乐可胜计邪？故圣人将游于物之所不得遁而皆存。善妖善老，善始善终，人犹效之，又况万物之所系而一化之所待乎！

——节选自《庄子·大宗师》

成语出处

成语出自："善妖善老，善始善终，人犹效之，又况万物之所系而一化之所待乎！"

注释

善：认为……是好的。
妖：通"夭"，少。
效：模仿，效法。
系：归属。
一：全。一化即所有的变化。
待：依赖。

译文

乐观地看待生命的长短和生死的人，人们尚且效法他，又何况是万物所归属与一切变化所依赖的大道呢！

成语背后的庄子

庄子 的哲学观点

藏天下于天下，这才是道。

庄子用藏舟于壑，藏山于泽的故事，说明将东西藏于任何地方都可能会有亡失，只有与天地自然一体才是最安全的，即藏天下于天下，这才是道。按照这样的大道去行事，没有不行的。

庄子又举了一个女偶的例子。一天，南伯子葵见到了女偶，发现年岁很高的女偶的面色仍像孩童一样。他不解地向女偶寻问缘由。女偶回答："我得道了。"南伯子葵便向女偶学习如何得道。女偶告诉他，必须用淡泊的心态，忘记天下，忘记万物，忘记自己，然后才能窥见卓然独立的至道。窥见卓然独立的至道便可超越古今的时限，进入无所谓生、无所谓死的境界，从而不受外界事物的纷扰，自始至终保持心境的宁静。

知识补充

庄子的"道"

庄子的"道"是从老子那里继承下来的。老子认为"道"先天地而存在，是万物的本原，世界万物都是从"道"那里派生出来的。庄子则在将"道"确立为天地万物之本原的基础上，进一步对道的存在形式做了说明，他认为既然万物都是由道生出的，那么万物也就自然地内含着道，所以万事万物都体现着道。

莫逆之交

指非常要好或情投意合的朋友。

一、背景故事

子祀、子舆、子犁和子来四个人相聚在一起共同谈论:"谁能够认识到生死存亡是一体的道理,我们就和他交朋友。"四个人都会心地相视而笑,于是就共同结为朋友。

不久,子舆生病了,整个人都变了形。子祀知道后,便前去探望他。他却对子祀说:"伟大啊,造物者要把我变成这样的人。"子祀问他对这种变化一点儿也不厌恶吗?子舆说:"为什么要厌恶呢?人的生与死,本来是上天安排好了的,所以我只要顺应自然就行了。"

不久,子来也生了病,气息急促将要死去,他的妻子和儿女围在床前哭泣。子犁前往探望,对子来的妻子和儿女说:"你们走开吧!不要惊动正在变化的人!"

子来说:"子女对于父母,无论东西南北,都要听从父母之命。人对于阴阳造化,与对父母没有区别。造化令我死亡而我不服从,那我就算忤逆不顺了,造化有什么罪过呢?大自然赋予我形体,是要让我生时勤劳,老时安逸,死后休息。所以把我的生看成美事的,也必须把我的死同样看成美事……"说完子来就安然睡去。

二、原文追溯

子祀、子舆、子犁、子来四人相与语曰:"孰能以无为首,以生为脊,以死为尻,孰知死生存亡之一体者,吾与之友矣。"四人相视而笑,莫逆于心,遂相与为友。

俄而子舆有病,子祀往问之。曰:"伟哉!夫造物者,将以予为此拘拘也!"曲偻发背,上有五管,颐隐于齐,肩高于顶,句赘指天。阴阳之气有沴,其心闲而无事,跰𨃢而鉴于井,曰:"嗟乎!夫造物者,又将以予为此拘拘也!"

——节选自《庄子·大宗师》

成语出处

成语出自:"子祀、子舆、子犁、子来四人相与语曰:'孰能以无为首,以生为脊,以死为尻,孰知死生存亡之一体者,吾与之友矣。'四人相视而笑,莫逆于心,遂相与为友。"

注释

子祀、子舆、子犁、子来:皆为虚构的人物。
孰:谁。
尻:脊骨的末端。
莫:不。

译文

子祀、子舆、子犁、子来四个人共同谈论,说:"谁能够把无当作头,把生当作脊柱,把死当作尾骨,谁能认识到死生存亡是一体的,我们就和他交朋友。"四个人相互望着一笑,彼此心意相通,于是就共同结为朋友。

成语背后的庄子

庄子 的哲学观点

生与死是事物变化的自然规律。

　　庄子讲的这个故事进一步揭示了他的生死观。庄子用莫逆之交说明子祀、子舆、子犁、子来对生与死的看法完全一致。他们是真正得道的人，知晓生与死是事物变化的自然规律，将生死看成是一回事，都是好事情。庄子还另外讲了一个故事：子桑户、孟子反、子琴张三个人共同结交，说："谁能相交出于无心，相助出于无为呢？谁能超然万物之外，游于太虚，忘记生死，与大道同游于无穷之境呢？"三人会心地相视而笑，彼此心意相通，于是结成好友。不久，子桑户死了，还没有下葬。孔子知道后，就让子贡前去帮助料理丧事。孟子反和子琴张却一个在编曲，一个在弹琴，他们相互唱和道："哎呀，桑户啊！你已经返归大道，而我们尚且在人间啊！"子贡对他们的行为不理解，回去后就把这件事告诉给孔子。孔子说："他们都是摆脱礼仪约束而逍遥于人世之外的人，我却是生活在具体的世俗环境中的人。像这样的人，又怎么会顾及死生的先后次序呢！"

知识补充

鼓盆而歌

　　庄子的妻子病死了，惠子前来吊唁。见庄子正盘腿坐地，一边敲打着瓦罐一边唱歌。惠子说："你跟死去的妻子生活了一辈子，人死了不伤心哭泣也就算了，你还敲着瓦罐唱起歌来，岂不太过分、太不近人情了吗？"庄子说："不是这样的，她刚死时，我怎么会不感到悲伤呢？思前想后，我才发现自己仍是凡夫俗子，不明生死之理，不通天地之道。如此想来，也就不感悲伤了。"

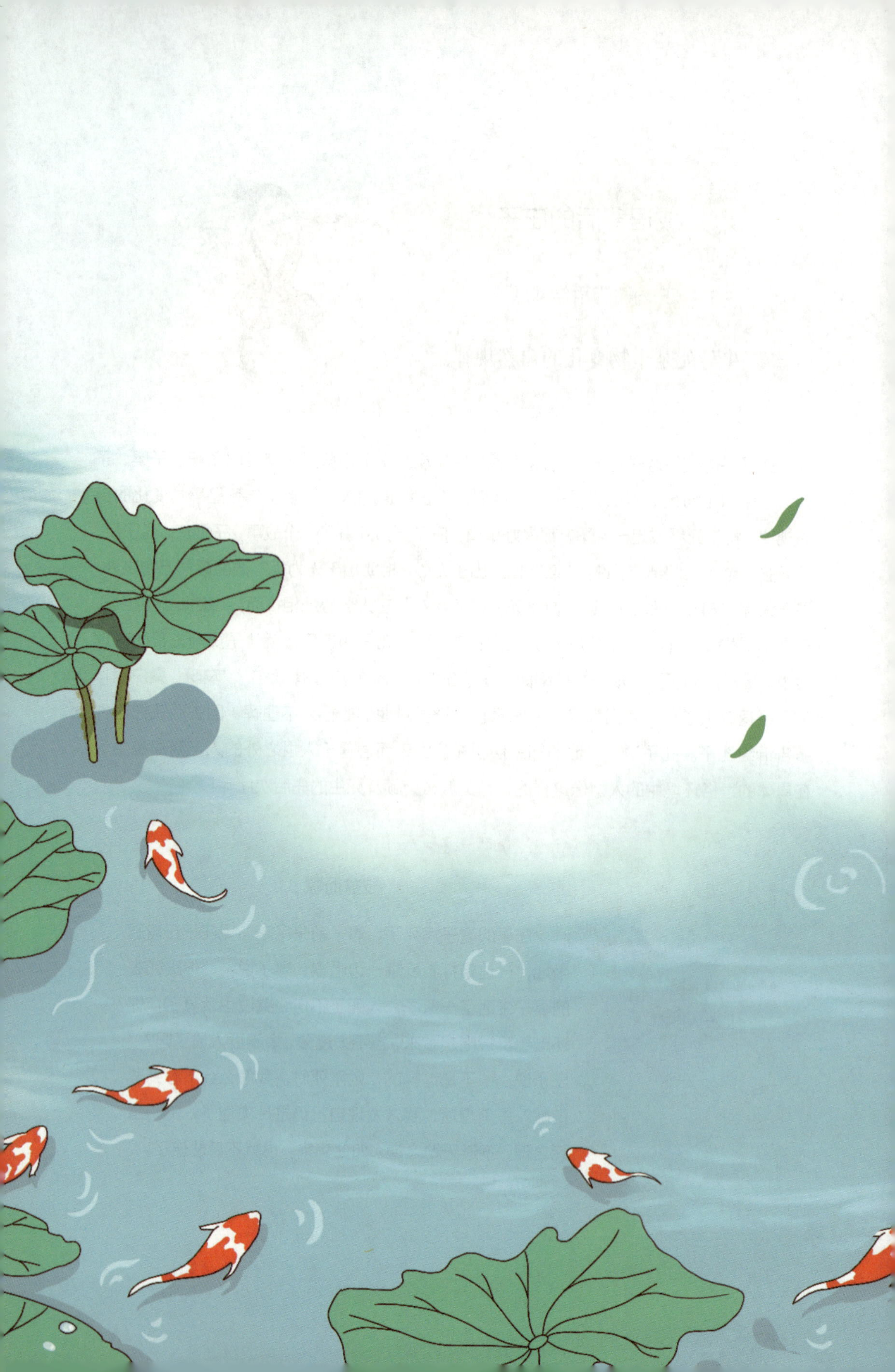

七·应帝王

帝王治天下,也有困惑和茫然。

庄子回应:抛弃自己的私欲和意志,顺应自然,不作妄为的事,虚己淡然,无为而治。

虚与委蛇

对人虚情假意，敷衍应付。

你的老师面相怪异，怕活不久矣。

一、背景故事

郑国有个神巫叫季咸,能够测知人的生死存亡、祸福寿夭,十分灵验,仿佛是个神人。

列子见了心醉折服,回来把事情告诉了壶子,说:"我原本认为先生的道术是最高深的,现在才知又有更高深的了。"壶子说:"我教授给你的仅是道的外表,并未教授你道的实质,难道你以为得道了吗?试着请和他同来,把我介绍给他相面。"

第二天,季咸见了壶子后,对列子说:"你的老师活不长了,他面相怪异,像湿灰一样毫无生机。"列子十分伤心,进去把季咸的话告诉给壶子。壶子说:"刚才我把寂静的心境显示给他看,茫然无知,不动不止,这大概是他看见我闭塞了生机了。试着再随同他来看看。"

第二天,列子又随同季咸来见壶子。季咸出来后对列子说:"幸亏你的老师遇上了我,有救了,我看到他闭塞之中显出了活力。"

列子进去把季咸的话告诉了壶子。壶子说:"刚才我把天地间变化生长的气象显示给他看,这大概是他看见我生意萌动的机兆了,试着再随同他来看看。"

第二天,季咸看后对列子说:"你的老师神色变化不定,我没法给他相面。等他安定了,我再来给他相面。"壶子听后说:"我刚才把没有偏胜的冲漠之气显示给他看,这大概是他看见我心气平稳的机兆了,试着再随同他来看看。"

第二天,季咸又去见壶子,还没站稳,便惊慌失措地逃跑了。列子去追,没有追上,回来报告壶子。壶子说:"我刚才没有展露我的宗本给他看,只是显示出心地虚寂而随物顺化的样子,他摸不清我所使用的是何术,所以就逃走了。"

二、原文追溯

郑有神巫曰季咸,知人之死生存亡、祸福寿夭,期以岁月旬日,若神。郑人见之,皆弃而走。列子见之而心醉,归,以告壶子,曰:"始吾以夫子之道为至矣,则又有至焉者矣。"壶子曰:"吾与汝既其文,未既其实,而固得道与?众雌而无雄,而又奚卵焉!而以道与世亢,必信,夫故使人得而相女。尝试与来,以予示之。"

……

壶子曰:"乡吾示之以未始出吾宗。吾与之虚而委蛇,不知其谁何,因以为弟靡,因以为波流,故逃也。"

——节选自《庄子·应帝王》

成语出处

成语出自:"乡吾示之以未始出吾宗。吾与之虚而委蛇,不知其谁何,因以为弟靡,因以为波流,故逃也。"

注释

乡:通"向",刚才。
宗:本源,根本。
委蛇:随顺的样子。
谁何:什么。
以为:以之为,把自己变成。
弟靡:当作"茅靡",谓如茅草随风而伏。

译文

刚才我没有展露我的宗本给他看，我只是显示出心地虚寂而随物顺化的样子，他摸不清我所使用的是何术，只看见我如草随风而倒，如水逐波而流之状，所以就逃走了。

成语背后的庄子

庄子的哲学观点

> 统治者像天一样，按"道"行使统治，即顺应人的自然属性，不要人为地干预与强制人们。

《应帝王》是《庄子》内篇的最后一篇，一般认为内篇为庄子本人所作，该篇主要讲的是统治者如何治理国家。庄子在这里继承和发展了老子"无为而治"的政治主张。

庄子认为，统治者像天一样，按"道"行使统治，即顺应人的自然属性，不要人为地干预与强制人们。统治者给人的形象应该是不突出自己，虚到自己好像并不存在。他借老子的口说："贤明的君主治理天下，功劳布满天下却好像与自己无关，化育万物而百姓却不觉得有所依赖；有功劳而不显示自己，使万物各得其所；立足于神秘莫测之境，而遨游于虚空的世界。"

知识补充

老子的"无为而治"

《老子》一书历来被认为是一本帝王书，内容是教帝王如何治理国家。老子认为天地万物都是由"道"化生的，而道所遵循的又是自然规律，也就是"道法自然"，既然道以自然为本，那么对待事物就应该顺其自然，无为而治。

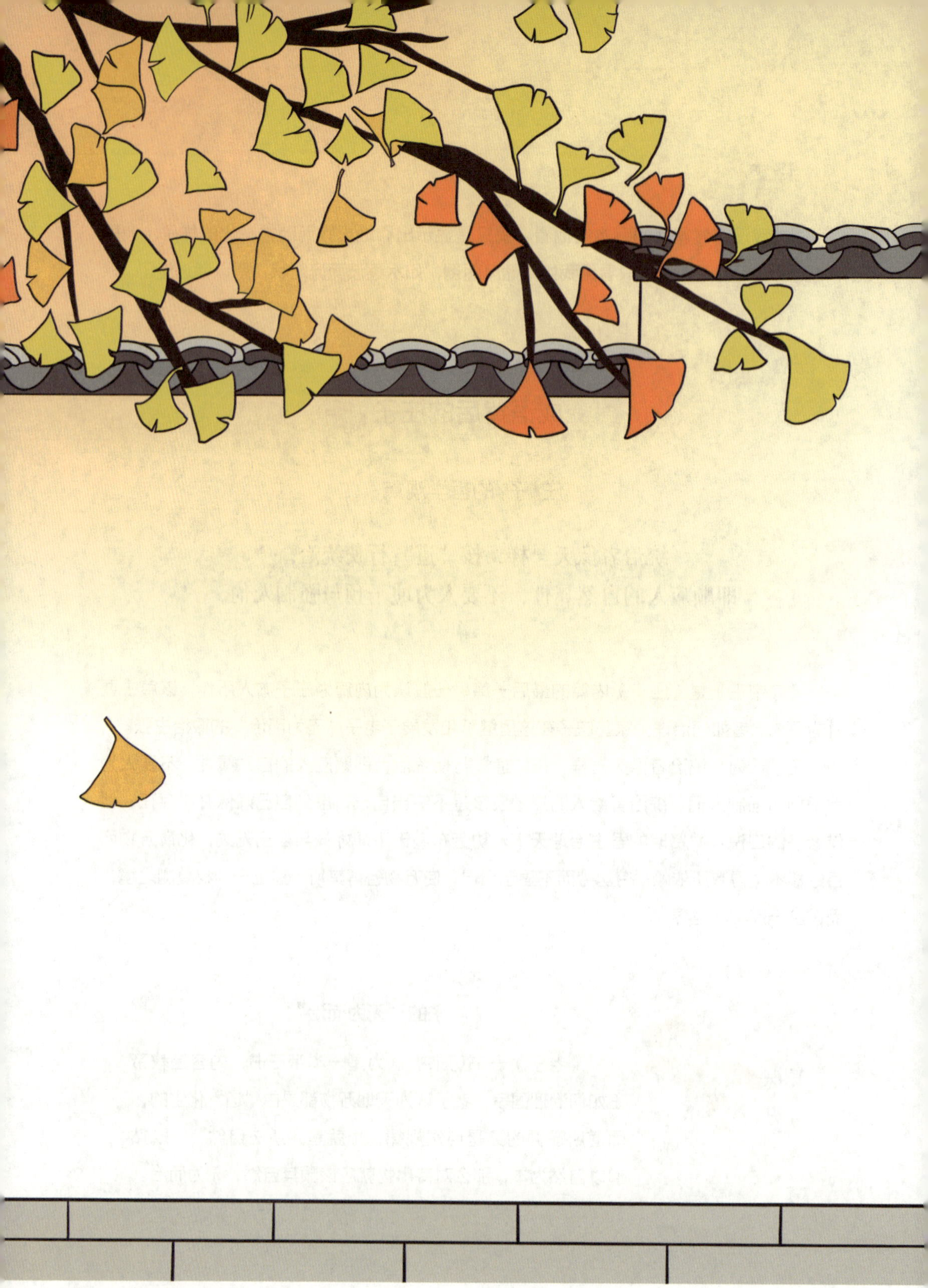

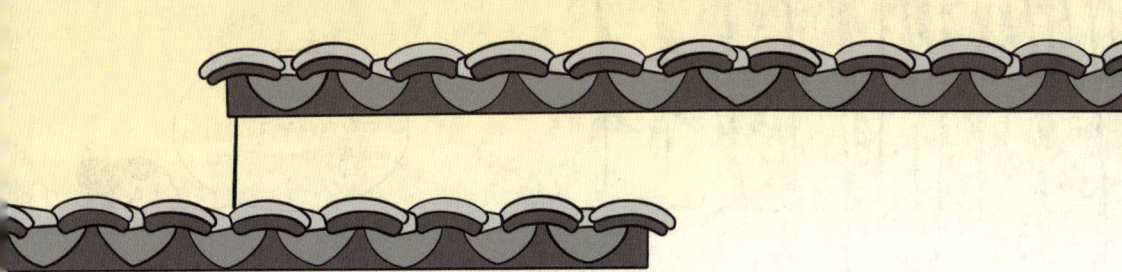

外 篇

一·骈拇 马蹄

并合的脚趾、旁生的手指和身上的赘瘤,都是多余而无用的。

合乎自然,顺应人情的东西,才是世间事物本来应有的。

马,尽情奔驰于旷野,天性也。笼头、车辕……枷锁也,

何况,人的本性怎能够被束缚?

鹤的腿太长，而野鸭的腿又太短，两者应该中和一下才好！

续凫断鹤

截断鹤的长腿接到野鸭的短腿上。比喻做事违反客观规律或事物的自然本性。

一、背景故事

古代有一个人在水边看到鹤和野鸭在戏水。他发现鹤的腿是那么长,而野鸭的腿却非常短。

于是,这个人突发奇想:要是将鹤的长腿截去一段接到野鸭的腿上,不是都好看、都方便了吗?于是,他真的截去了鹤的一截腿给野鸭接上去了。结果,非常糟糕,鹤和野鸭都不能走了。

庄子看到了,叹息地说:"本来是长的东西,并不是多余的;本来是短的,也并不是不足的。所以,野鸭的腿虽然短,但是硬要给接长,它倒要担忧了;鹤的腿虽然长,但是硬要给截短,它倒要悲哀了。"

二、原文追溯

彼正正者，不失其性命之情。故合者不为骈，而枝者不为跂；长者不为有馀，短者不为不足。是故凫胫虽短，续之则忧；鹤胫虽长，断之则悲。故性长非所断，性短非所续，无所去忧也。意仁义其非人情乎，彼仁人何其多忧也？

且夫骈于拇者，决之则泣；枝于手者，龁之则啼。二者或有馀于数，或不足于数，其于忧一也。今世之仁人，蒿目而忧世之患；不仁之人，决性命之情而饕贵富。故意仁义其非人情乎？自三代以下者，天下何其嚣嚣也？

——节选自《庄子·骈拇》

成语出处

成语出自："是故凫胫虽短，续之则忧；鹤胫虽长，断之则悲。故性长非所断，性短非所续，无所去忧也。"

注释

凫：野鸭。
胫：小腿。
去：摒弃，排除。

译文

因此，野鸭的小腿虽然短，但给它接上一段就会造成痛苦；鹤的腿虽然长，但给它截去一段就会带来悲哀。所以本性该长的，就不去截短它，本性该短的，就不去续长它，这样任其长短则没有可忧虑的了。

成语背后的庄子

庄子 的哲学观点

天下最高明的大道，
是保持本来自然的真情。

庄子用人身体多余的东西说明自己无为而治的观点。他认为离开了自然天成的规律，用个人的聪明去修饰和推行所谓的仁义，这不是自然的正道，就像是人长出了枝指和赘瘤一样，都是多余的。社会的治理也是一样，多余的干预只会给民众增加负担，反而影响社会的和谐发展。

庄子又指出，天下万物都是自然生成的，形状各异，大可不必为这种不同而担忧。天下最高明的大道，是应保持本来自然的真情；而推行仁义和礼乐，抛弃了自然的真情，替天下人担忧，最终将使天下人感到迷惑。

知识补充

庄子对仁义的批判

儒家不遗余力地推行仁义，却遭到了庄子的无情批判。庄子认为，仁义是社会一切灾难的祸根。争霸的诸侯一面高举仁义的大旗，一面残忍地杀戮民众。他们所倡导的仁义实质是在抹杀人的天性，是奴役人民的工具。

诡衔窃辔

马吐出嚼子,咬断缰绳。
比喻不受束缚。

一、背景故事

马,在陆地上生活,吃草饮水,高兴的时候,它们的脖颈相靠互相摩擦;发怒时,则背面相对,用后脚相踢。马的智力仅限于此。

自从出现"善于管理马"的伯乐,情况发生了大变。人们用烧红的铁器烧灼马毛,用剪刀修剪马鬃,凿削马蹄,烙制马印记,同时给马戴上笼头,套上足绊,又用绳索把马群纠集起来,编入马槽。然后让马忍受饥渴,快速奔驰,稍不听话便马鞭加身。对这些东西,马是很反感的,甚至怒不可遏。

于是,马就僵着脖子抗拒,试图挣脱,有的马还会偷偷地吐出衔子或啃咬辔头。所以说马的智力竟能达到违反人的意愿而做坏事的程度,都是伯乐的错。

二、原文追溯

夫马,陆居则食草饮水,喜则交颈相靡,怒则分背相踶。马知已此矣。夫加之以衡扼,齐之以月题,而马知介倪、闉扼、鸷曼、诡衔、窃辔。故马之知而态至盗者,伯乐之罪也。夫赫胥氏之时,民居不知所为,行不知所之,含哺而熙,鼓腹而游,民能以此矣。及至圣人,屈折礼乐以匡天下之形,县跂仁义以慰天下之心,而民乃始踶跂好知,争归于利,不可止也。此亦圣人之过也。

——节选自《庄子·马蹄》

成语出处

成语出自:"夫加之以衡扼,齐之以月题,而马知介倪、闉扼、鸷曼、诡衔、窃辔。故马之知而态至盗者,伯乐之罪也。"

注释

衡:车辕前面的横木。
扼:通"轭",叉马颈的条木。
月题:马额上的装饰物。
知:通"智",智力。
介倪:损折车輗。
闉扼:曲颈企图从轭下逃脱。闉,弯曲。
鸷曼:指马狂突不羁,试图挣脱。鸷,猛。曼,突。
诡衔:狡猾地吐出衔子。
窃辔:偷偷地啃咬辔头。

译文

等到给它加上车衡颈扼，装饰了额前佩物，于是马就懂得了损折车輗、曲颈脱轭、狂突不羁、吐避衔子、偷咬辔头。所以说马的智力竟能达到违人意而做坏事的程度，那是伯乐的罪过。

成语背后的庄子

庄子 的哲学观点

治理天下的人不能像伯乐治马一样。

庄子认为治理天下的人不能像伯乐治马一样。人民有固有不变的本能和天性，他们织出布来穿，种出粮食来吃，这就是共同的本能。人们的思想和行为浑然一体没有一点儿偏私，这就叫作任其自然。人，当依自然常性而自由生活。

等到圣人出现，使用屈曲折旋的行礼来匡正天下人的形体，用标榜的仁义来安慰天下人的心灵，于是人民便开始千方百计地去追求巧智，争先恐后地去竞逐私利，而不能制止。这也是圣人的过错啊！

知识补充

伯乐，一说春秋中期秦穆公统治时期的人，姓孙名阳，善相马。在秦国富国强兵中立下汗马功劳，得到秦穆公信赖，被封为"伯乐将军"。一说伯乐指春秋末赵简子臣。字子良，号伯乐，善御马又善相马，赵简子曾使其相马。

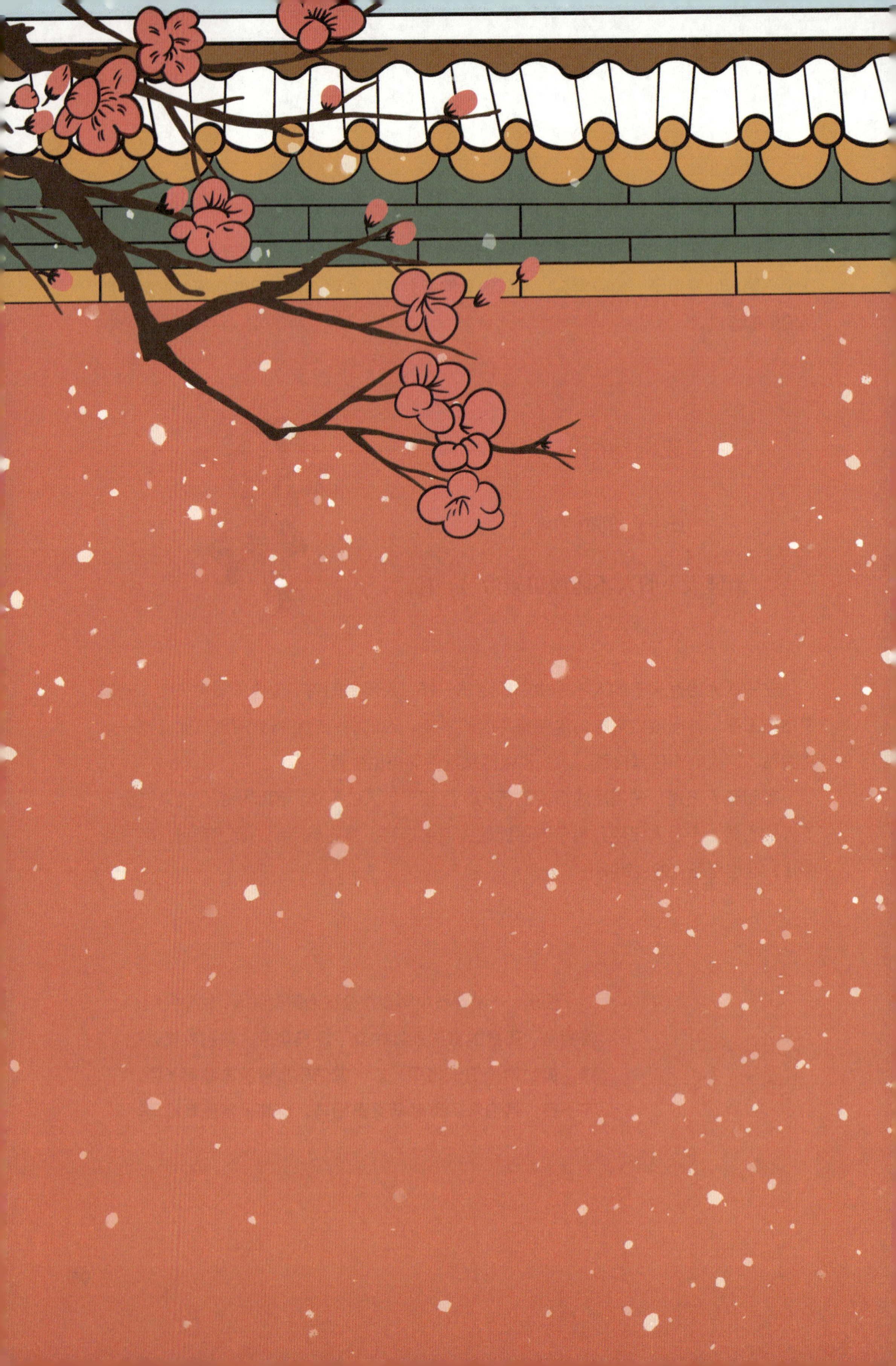

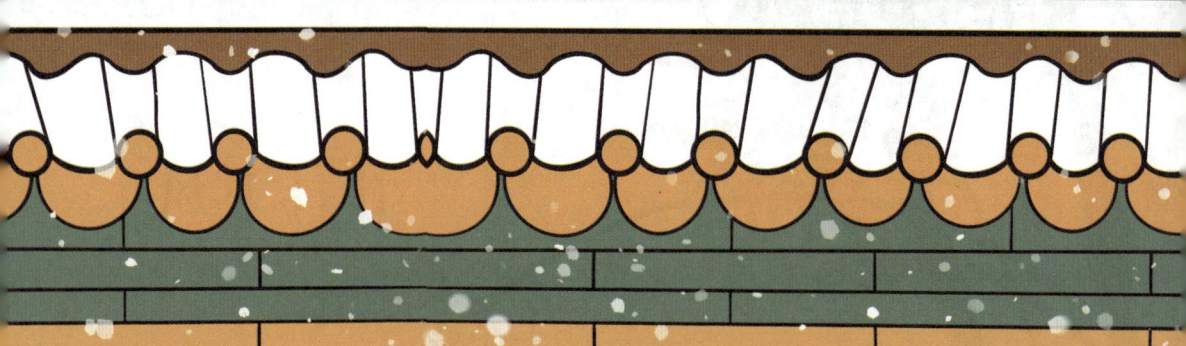

二·在宥

在，自在；宥，宽容，

安然自在地发展，应是社会的常态，

人为、过度地治理，带来的必是伤害。

甘拜下风

佩服别人，自认不如。

一、背景故事

黄帝做了十九年天子后，听说广成子在空同山上，就前往拜见，说："我想取用天地的精气，来帮助五谷生长，养育百姓；我还想掌管天地阴阳的变化，来顺应天下万物，应当如何做呢？"

广成子说："你所想问的，是道的精髓；你所想主宰的，乃是阴阳二气。自从你治理天下以来，云气不等聚集就下起雨来，草木不等枯黄就飘落凋零，太阳和月亮的光亮也渐渐地晦暗下来。你这个谄佞之人心地偏狭，我又怎么能够与你谈论大道呢！"

黄帝听了便退回去放弃了朝政，独居静室，潜心静思了三个月。三个月后，黄帝又前往向广成子请教。他看到广成子头朝南躺着，黄帝从下方跪着用膝盖走过去，再拜叩头问道："听说先生已经通晓至道，请问如何修身才能活得长久？"

广成子说："你问得好！我告诉你，至道的精髓就在于一定要保持宁静，不要使身体疲劳，不要使精神恍惚，这样才可以长寿。"

二、原文追溯

广成子南首而卧,黄帝顺下风膝行而进,再拜稽首而问曰:"闻吾子达于至道,敢问治身奈何而可以长久?"广成子蹶然而起,曰:"善哉问乎!来!吾语女至道。至道之精,窈窈冥冥;至道之极,昏昏默默。无视无听,抱神以静,形将自正。必静必清,无劳女形,无摇女精,乃可以长生。目无所见,耳无所闻,心无所知,女神将守形,形乃长生。"

——节选自《庄子·在宥》

成语出处

成语出自:"广成子南首而卧,黄帝顺下风膝行而进,再拜稽首而问曰:'闻吾子达于至道,敢问治身奈何而可以长久?'"

注释

广成子:庄子所虚构的全面体认大道的人物。
南首:头朝南。
下风:下方。
膝行:用膝盖着地而行。
稽首:叩头至地。
吾子:你。
治身:修养自身。

译文

广成子头朝南躺着,黄帝从下方跪着用膝盖走过去,再拜叩头而问道:"听说先生通达至道,请问如何修身才可以长寿呢?"

成语背后的庄子

庄子 的哲学观点

生与死是事物变化的自然规律。

庄子从无为而治的政治理念出发,开篇便提出一个国家治理的根本问题:只听说任天下自由发展,而没有听说对天下加以人为的治理。

庄子解释说,天下的人不扰乱自然本性,不改变自然的德性,哪里用得着人为的治理呢!他认为,从前尧治理天下的时候,使天下人都高高兴兴,各乐其本性,这是心神不恬静;桀治理天下的时候,使天下人都感到忧虑,各苦其本性,这是心神不愉悦。不恬静或不愉悦都不是自然无为的德性。

庄子用黄帝请教广成子的故事,进一步阐述无为而治,即不要强行干预人的心性。

知识补充

黄帝

黄帝,传说中中原各族的共同祖先。姬姓,号轩辕氏、有熊氏。

相传,黄帝以统一华夏部落与征服东夷、九黎族而统一中华的伟绩载入史册。他在位期间,播百谷草木,大力发展生产,始制衣冠、建舟车、制音律等,做了许多对百姓有利的事。

这位老人如此开心，蹦跳的样子像个无忧的孩童。

欢呼雀跃

高兴得像麻雀一样跳跃。形容欢乐的情景。

一、背景故事

云将到东方游玩，经过东海神木的枝头时，恰好遇到了鸿蒙，鸿蒙正在拍着大腿欢跳游玩。云将见了，惊疑地停下来问："老人家，你是谁呀？为什么来这儿呢？"鸿蒙还是拍着大腿跳个不停，对云将说："我是鸿蒙，正在游玩！"云将说："我想请教你一些问题。天气不均和，地气不通畅，六气不调和，四时变化不合时序。现在我想调和六气的精华来养育万物，要怎么做呢？"鸿蒙拍着大腿跳跃，转过头说："我不知道！我不知道！"云将没有得到问题的答案。

三年后，云将又去东方游玩，经过宋国的田野时，恰好又遇到了鸿蒙。云将十分高兴，快步走上前说："您忘记我了吗？"说完再拜叩头，希望能得到鸿蒙的指教。鸿蒙说："我只是随心游荡，不知贪求什么；随心无拘束，不知要去哪里。我游心于这纷纭的世间，我又知道什么呢！"云将说："我也想随心无拘束，但是人民总是要跟随我，我无法拒绝他们，现在又被他们所效仿，我想听听您的指教。"鸿蒙说："扰乱了自然的常道，违逆了万物的真性，整个自然的变化不能顺应形成，这些都是治理人民的过错啊！你要好好养心，只要自然无为，那么万物就会自生自化。"云将拜谢鸿蒙后起身辞别鸿蒙而去。

二、原文追溯

云将东游，过扶摇之枝而适遭鸿蒙，鸿蒙方将拊脾雀跃而游。云将见之，倘然止，贽然立，曰："叟何人邪？叟何为此？"鸿蒙拊脾雀跃不辍，对云将曰："游！"云将曰："朕愿有问也。"鸿蒙仰而视云将曰："吁！"云将曰："天气不和，地气郁结，六气不调，四时不节。今我愿合六气之精以育群生，为之奈何？"鸿蒙拊脾雀跃掉头曰："吾弗知！吾弗知！"云将不得问。

——节选自《庄子·在宥》

成语出处

成语出自："云将东游，过扶摇之枝而适遭鸿蒙，鸿蒙方将拊脾雀跃而游。云将见之，倘然止，贽然立，曰：'叟何人邪？叟何为此？'鸿蒙拊脾雀跃不辍，对云将曰：'游！'"

注释

云将：虚构的名字。
扶摇：生于东海的神木。
鸿蒙：虚构的名字。有混然无象之义。
拊：拍打。
脾：通"髀"，大腿。
倘然：惊疑的样子。
贽然：拱立的样子。
辍：停止。

译文

云将到东方游玩，经过东海神木的枝头时，恰巧遇上了鸿蒙，鸿蒙正拍着大腿欢跳游玩。云将看见了，惊疑地停下来，恭敬地站着，说："老人家是谁呀？老人家为什么来这儿呢？"鸿蒙还是拍着大腿跳个不停，对云将说："游玩！"

成语背后的庄子

庄子 的哲学观点

顺应自然，万物就会自生自化。

云将想随心不拘束，但他的人民要跟随他，他无法谢绝民众，又被民众所效仿。而在鸿蒙看来，云将这样做扰乱了自然常规，背离了事物的本性，是错误的。庄子通过鸿蒙的言谈举止，告诉人们要与混混茫茫的自然元气浑为一体，解除思虑，释放精神，重在养心。要像鸿蒙那样自由自在地遨游，无忧无虑地随意活动，忘却形体，废弃智慧，整天高兴得像鸟儿一样跳跃。统治者能够顺应自然，万物就会自生自化。

知识补充

鸿蒙，有人解释为取宇宙初创时期一片混沌、万物初始的意思。但是，庄子所塑造的鸿蒙形象，更能体现其在宇宙间自由自在地遨游，像小鸟一样无忧无虑地跳跃的精神内涵。

独往独来

指单独来往，自由自在，不受外界的牵制。

一、背景故事

庄子讲了这样一个故事。有一个君主统治着天下,拥有无尽的宝物。但这个君主却无心治理天下,所以他才可以主宰天下万物。

这样的君主已经能出入于天地四方,遨游于九州,独自无拘无束地去,又自由自在地来。这样的人就叫作拥有万物而又超脱于万物,就是至高无上的尊贵了。

二、原文追溯

夫有土者，有大物也。有大物者，不可以物物，而不物，故能物物。明乎物物者之非物也，岂独治天下百姓而已哉！出入六合，游乎九州，独往独来，是谓独有。独有之人，是谓至贵。

大人之教，若形之于影，声之于响，有问而应之，尽其所怀，为天下配。处乎无响，行乎无方。挈汝适复之挠挠，以游无端；出入无旁，与日无始；颂论形躯，合乎大同，大同而无己。无己，恶乎得有有！睹有者，昔之君子；睹无者，天地之友。

——节选自《庄子·在宥》

成语出处

成语出自："出入六合，游乎九州，独往独来，是谓独有。独有之人，是谓至贵。"

注释

六合：指天、地与四方。
九州：泛指天下。
独有：谓独能与大道往来。
至贵：至高无上的尊贵。

译文

他能够出入于天地四方，遨游于九州，独往独来，这就是独能与大道往来。这样的人，就是至高无上的尊贵了。

成语背后的庄子

庄子 的哲学观点

"养心""忘物""无己"

庄子这里所讲的独往独来不是一个人孤独地单独往来,而是不受外物的束缚,能够自由自在地处事。

庄子说,世俗的人都喜欢别人赞同自己而厌恶别人不赞同自己。赞同自己就喜欢,不赞同自己就不喜欢,其用意在于超乎众人之上。而那些想要用喜同恶异之心治理天下的人,只是把国家作为谋求私利的凭借。因此,统治天下的人为天下所累,就不足以主宰万物,而无心治理天下的人才可以主宰万物。所以聪明的统治者不要总想着去治理国家,而要做一个特立独行的人,摆脱万物的挂碍。要做到这种意义上的独往独来,不仅要"养心",还要"忘物",真正做到"无己"。

知识补充

九州

九州,又名汉地、神州,最早出现在《尚书·禹贡》中,是中国汉族先民自古以来的民族地域概念。自战国以来九州即成为古代中国的代称。根据《尚书·禹贡》记载,九州顺序分别是:冀州、兖州、青州、徐州、扬州、荆州、豫州、梁州和雍州。

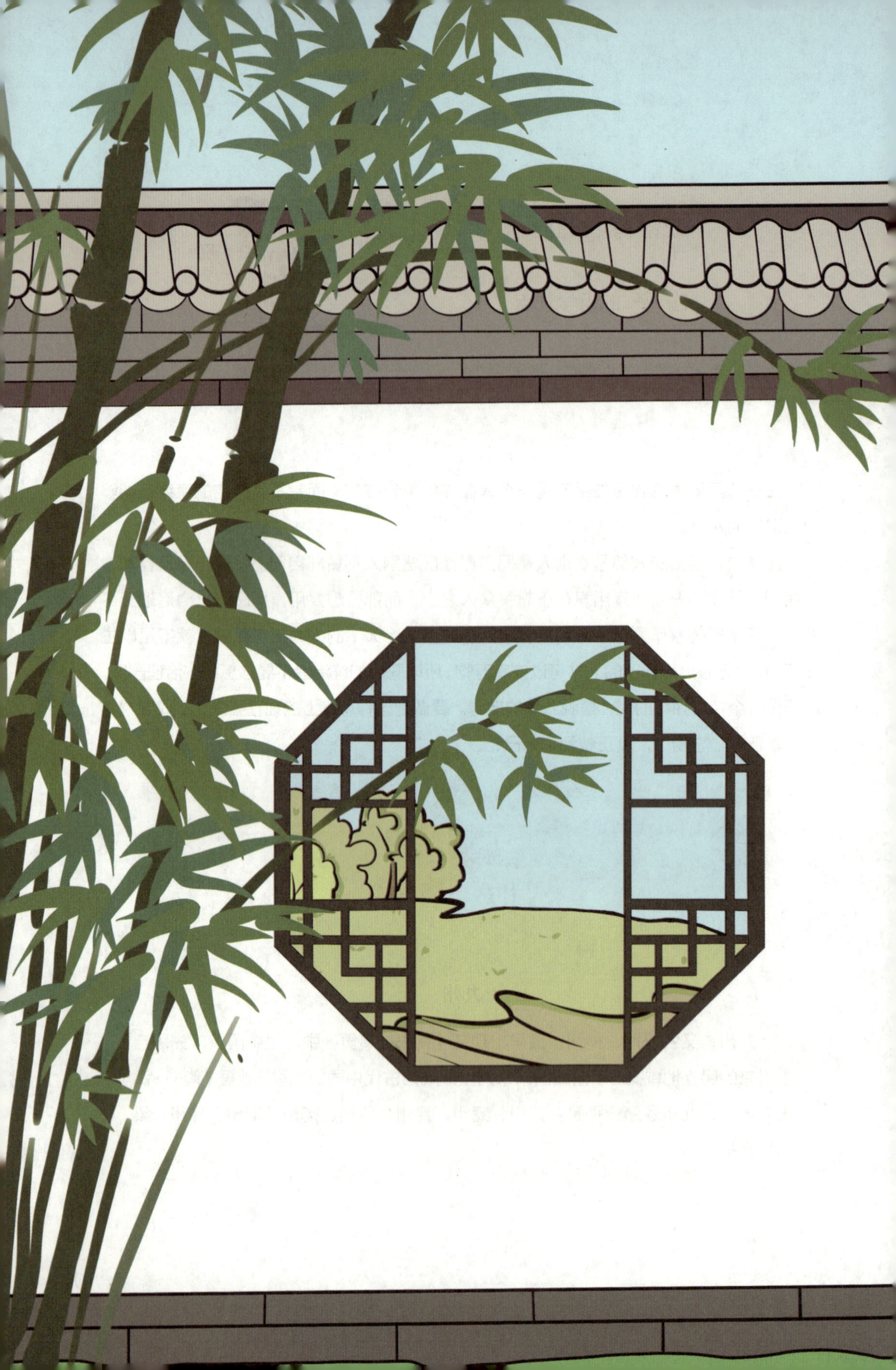

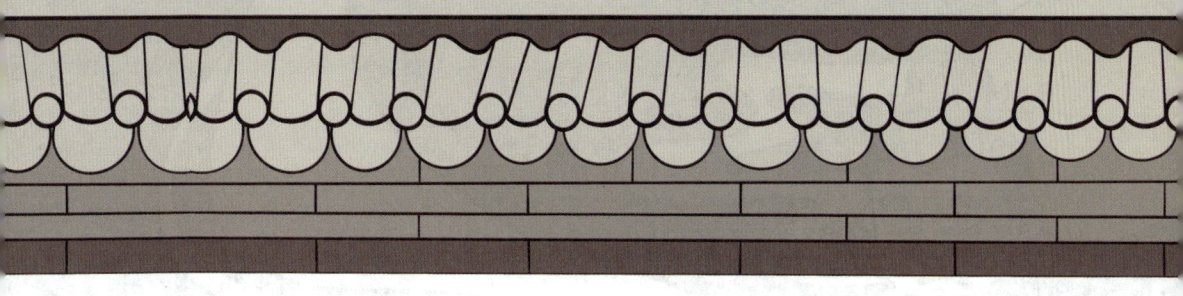

三 · 天 地

元气生了天与地,也生了万物。

天地,一高远在上,一浊重在下,

天地万物都遵循其自身的规律运行,

不需要人主观地干预它。

洋洋大观

形容事物丰富多彩，极为壮观。

一、背景故事

孔子说:"道覆盖和托载着万事万物,是多么辽阔而盛大啊!"接着,他说:"君子要敞开心胸,排除一切杂念。无心治理而让万物自由发展就叫作自然天成;无心教化就叫作顺应天性;给所有的人和物以恩泽就叫作仁;万物不同而能同归于大道就叫作大;行为不自异于众人就叫作宽;包举千差万别的物类就叫作富。所以能够执持天德就叫作纲纪;德行有所成就就叫作建树;能够顺应大道就叫作万善齐备;不因外物而挫伤心志就叫作德性完全。君子明白了这十点,那他就会心地宽广而能包含万物,德泽滂沛而为万物归往之所。"

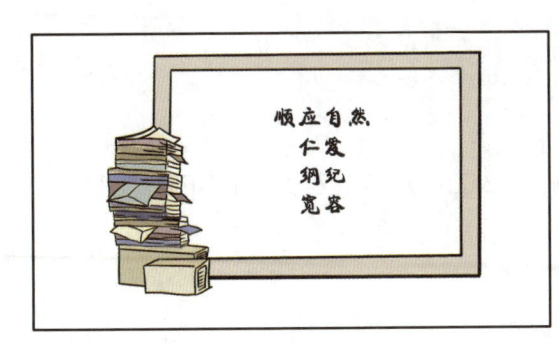

二、原文追溯

夫子曰："夫道，覆载万物者也，洋洋乎大哉！君子不可以不刳心焉。无为为之之谓天，无为言之之谓德，爱人利物之谓仁，不同同之之谓大，行不崖异之谓宽，有万不同之谓富。故执德之谓纪，德成之谓立，循于道之谓备，不以物挫志之谓完。君子明于此十者，则韬乎其事心之大也，沛乎其为万物逝也。若然者，藏金于山，藏珠于渊；不利货财，不近贵富；不乐寿，不哀夭；不荣通，不丑穷；不拘一世之利以为己私分，不以王天下为己处显，显则明。万物一府，死生同状。"

——节选自《庄子·天地》

成语出处

成语出自："夫子曰：'夫道，覆载万物者也，洋洋乎大哉！君子不可以不刳心焉。'"

注释

夫子：指孔子。
夫道：那个道。
覆载：覆盖和托载。
洋洋：辽阔盛大貌。
刳心：谓剔去心智。

译文

孔子说："道覆盖和托载着万事万物，多么辽阔盛大啊！君子不可以不剔去心智。"

成语背后的庄子

庄子 的哲学观点

大道深奥玄妙，统御万物，包容一切。

洋洋大观是庄子对大道的盛赞，庄子在"天地篇"的开篇便提出：天地虽然很大，但它们施泽万物却均等而无偏私；万物虽然繁杂，但都按照自身的规律生存、发展；百姓虽然众多，但他们的主宰者只有君主。君主统治天下的成功取决于自然无为的天道，所以说，远古的君主统治天下，只是在于无为，顺应自然之德罢了。

在这里庄子用十点说明大道深奥玄妙，统御万物，包容一切。有德的得道者遵循这个道行事，便会惠及天下万物，使其回归本源，与自然浑然一体。

知识补充

道在屎尿

庄子为了说明"道"无处不在，曾讲了一个让人吃惊而又深刻的事情。东郭子向庄子请教："所谓的道，存在于什么地方呢？"庄子说："道无所不在。"东郭子又问："道到底确定在哪里呢？"庄子说："在蝼蛄和蚂蚁那里。"东郭子说："为何道如此卑下呢？"庄子说："道在杂草那里。"东郭子说："怎么越发卑下了呢？"庄子说："道在砖瓦。"东郭子说："为何道更加卑下了？"庄子干脆回答道："道在屎尿。"东郭子听了默不作声了。庄子借这一说法想要表达的是，东郭子不必非要限定大道在何处，天下没有一物不存在道的形迹。

神乎其神

神秘奇妙到了极点。

一、背景故事

一次,孔子又对别人说:"道安定得像是渊静的潭水,澄明得像清澈的流水。金石之器不得道就不会鸣响。所以金石之器虽然蕴藏着声响,但没有大道的叩击是不会发出响声的。万物感应无方,谁能确定它的性质呢!道,看起来昏暗不明,听起来寂然无声,但在这昏暗之中却能看见光亮,在寂然无声之中却能听到和谐的音韵。所以大道虽然藏得深而又深,却能主宰万物,虽然神妙不测,却能处处发出精光。

所以道与万物相接,道虽然虚寂却能满足万物的需求,能驰骋纵放而又能聚合收缩成其归宿,无论是大还是小,是长还是短,是高还是远。"

二、原文追溯

夫子曰:"夫道,渊乎其居也,漻乎其清也。金石不得无以鸣。故金石有声,不考不鸣。万物孰能定之!夫王德之人,素逝而耻通于事,立之本原而知通于神,故其德广。其心之出,有物采之。故形非道不生,生非德不明。存形穷生,立德明道,非王德者邪?荡荡乎,忽然出,勃然动,而万物从之乎!此谓王德之人。视乎冥冥,听乎无声。冥冥之中,独见晓焉;无声之中,独闻和焉。故深之又深,而能物焉;神之又神,而能精焉。故其与万物接也,至无而供其求,时骋而要其宿,大小、长短、修远。"

——节选自《庄子·天地》

成语出处

成语出自:"故深之又深,而能物焉;神之又神,而能精焉。故其与万物接也,至无而供其求,时骋而要其宿,大小、长短、修远。"

注释

深:幽远。
能物焉:能主宰万物。
神:这里指玄妙。
接:交接,应接。
骋:驰纵。
要:聚合。
宿:归宿,即大道所在的幽深之境。

译文

所以大道虽然藏得深而又深,却能主宰万物;虽然神妙不测,却能处处发出精光。所以大道与万物应接的时候,道体虽然至虚却能满足万物的需求,能驰纵伸长而又能聚合收缩归于至虚,无论大小、长短、深远。

成语背后的庄子

庄子 的哲学观点

道生万物,又主宰着万物按照自然的规律运行。

庄子借孔子的口对道进一步加以描述,道生万物,又主宰着万物按照自然的规律运行。万物的千变万化,又都离不开它,跟随着它。所以说,这个道神乎其神。

庄子借说"道安定得像是渊静的潭水,澄明得像清澈的流水。而金石之器如果没有道的叩击是不会发出响声的"这一情况来说明道生万物而又主宰着万物,道能满足万物的需求,又是万物的归宿。

不肖子孙

不能继承祖先事业的、没有出息的子孙。

一、背景故事

有一次,庄子与弟子们谈起如何对待世俗通行的评价标准时,他语出惊人。

他说:"孝子不奉承他的父亲,忠臣不谄媚他的君主,这是为臣、为子的最高境界。"

弟子们听了无不吃惊,庄子接着说:"对父亲所说的话都加以肯定,所做的事都加以称赞,那就是世俗所说的不肖之子;对君主所说的话都加以肯定,所做的事都加以奉承,那就是世俗所说的不肖之臣。可是,人们却不了解,世俗的看法就必定是正确的吗?而世俗人所谓正确的便把它当作是正确的,世俗人所谓好的便把它当作是好的,却不称他们是谄谀之人。既然这样,那么世俗之人岂不比父亲更可敬、比君主更值得被尊崇了吗?"

121

二、原文追溯

孝子不谀其亲，忠臣不谄其君，臣、子之盛也。亲之所言而然，所行而善，则世俗谓之不肖子；君之所言而然，所行而善，则世俗谓之不肖臣。而未知此其必然邪？世俗之所谓然而然之，所谓善而善之，则不谓之道谀之人也。然则俗故严于亲而尊于君邪？

——节选自《庄子·天地》

成语出处

成语出自："孝子不谀其亲，忠臣不谄其君，臣、子之盛也。亲之所言而然，所行而善，则世俗谓之不肖子。"

注释

谀：奉承，谄媚。
谄：巴结，讨好。
臣、子：指忠臣与孝子。
盛：盛德。
然：肯定。
善：称颂。
不肖：不良，不好。

译文

孝子不奉承他的父亲，忠臣不谄媚他的国君，这是为臣、为子的盛德。对父亲所说的话都加以肯定，所做的事都予以称颂，那就是世俗所说的不肖之子。

成语背后的庄子

庄子 的哲学观点

不能使人脱离了本真。

庄子心目中有一个至德的时代，在至德的时代，不崇尚贤才，不任用智能之士，处在君位的就如同树木高处的枝条一样，无临下之心，人民就如同野鹿一样无所拘束，行为端正却不知这是义，彼此相爱却不知这是仁，待人诚实却不知这是忠，办事合情理却不知这是信。

后来，世道变了，形成了与至德时代完全相反的世俗观念。人们所崇尚的道德观念使人脱离了本真，完全走向了反面，从而使人们都迷惑了。

知识补充

在中国传统文化中，"孝"一直是道德伦理的核心，所以有"百善孝为先"的说法。先秦的思想家都认为物质上奉养父母是最基本的孝，但对精神层面上的孝则有不同的理解，其中一种是对父母的意志绝对地服从。而庄子则认为孝是人之为人的义务，无可逃于天地之间。孝也是有层次的，孝的最高境界是自然而然。这里有几个要点：一是出于内在的真诚的爱；二是不刻意，不矫饰，不做作；三是不在意别人的眼光，一切出于真情和自然。

大惑不解

极为疑惑,不能理解。

一、背景故事

庄子说，君主衣冠严整，在衣裳上涂饰不同的花纹，又改动容貌，假装慈悲来讨好天下的百姓，却不认为自己是谄谀之人；与世俗谄谀之人在一起，是非观念相同，却不认为自己是谄谀之人，真是愚昧极了。知道自己愚昧的人，就不是最愚昧的；知道自己迷惑的人，就不是最迷惑的。最迷惑的人，终身都不会觉悟；最愚昧的人，终身都不会明白。

三个人在一起行走，其中一个人迷惑，所要去的地方还是可以到达的，因为迷惑的人少；三个人中有两个人迷惑，就会徒劳而不能到达，因为迷惑的人多了。如今整个天下的人都迷惑，我虽然有所祈求和向往，也是不能得到的，这不是很可悲吗？

二、原文追溯

知其愚者,非大愚也;知其惑者,非大惑也。大惑者,终身不解;大愚者,终身不灵。三人行而一人惑,所适者犹可致也,惑者少也;二人惑,则劳而不至,惑者胜也。而今也以天下惑,予虽有祈向,不可得也,不亦悲乎!

——节选自《庄子·天地》

成语出处

成语出自:"大惑者,终身不解;大愚者,终身不灵。三人行而一人惑,所适者犹可致也,惑者少也;二人惑,则劳而不至,惑者胜也。"

注释

解:觉悟。
愚:愚昧。
灵:知晓。
致:到达。
胜:多。

译文

最迷惑的人,一辈子也不会觉悟;最愚昧的人,一辈子也不会明白。三个人同行,其中一个人迷惑,所要去的目的地还是可以到达的,因为迷惑的人少;如果有两个人迷惑,就会徒劳而不能到达,因为迷惑的人多了。

成语背后的庄子

庄子 的哲学观点

随了世俗的大流，便失去了天地间大道的真情，也迷失了人生的方向。

庄子在这里告诫人们，随了世俗的大流，便失去天地间大道的真情，也迷失了人生的方向。在他看来，世俗的人只追求眼前的利益，无法理解自然之道。正如高雅的音乐，世俗人的耳朵是无法听进去的，他们一听到《折杨》《黄荂》这样的民间小调，就会乐得同声大笑起来。所以高雅的谈吐不可能进入世俗人的心里，而至理名言也不可能行于世，庸俗之言反而胜过了高雅之言。因此，只有忘却世俗的偏见，才能真正获得解脱。

知识补充

庄子曾讲过一个"华封三祝"的故事。一次，尧在华地一带视察，华地守护封疆的人对尧说："啊，圣人！请让我为圣人祝愿吧，请求上天让这位圣人长寿。"尧说："请你不要这样说。""那我请求上天让圣人富有。"尧说："请你不要这样说。""那我请求上天让圣人子孙繁多。"尧再次说："请你不要这样说。"守护封疆的人说："长寿、富有和子孙繁多，这是人们都想得到的。您偏偏不希望得到，是为什么呢？"

尧回答说："子孙繁多就会使人畏惧，富有就会招惹更多的祸事，长寿就会使人蒙受更多的屈辱，这三件事都不是可以用来滋长德行的，因此我拒绝了你的祝愿。"

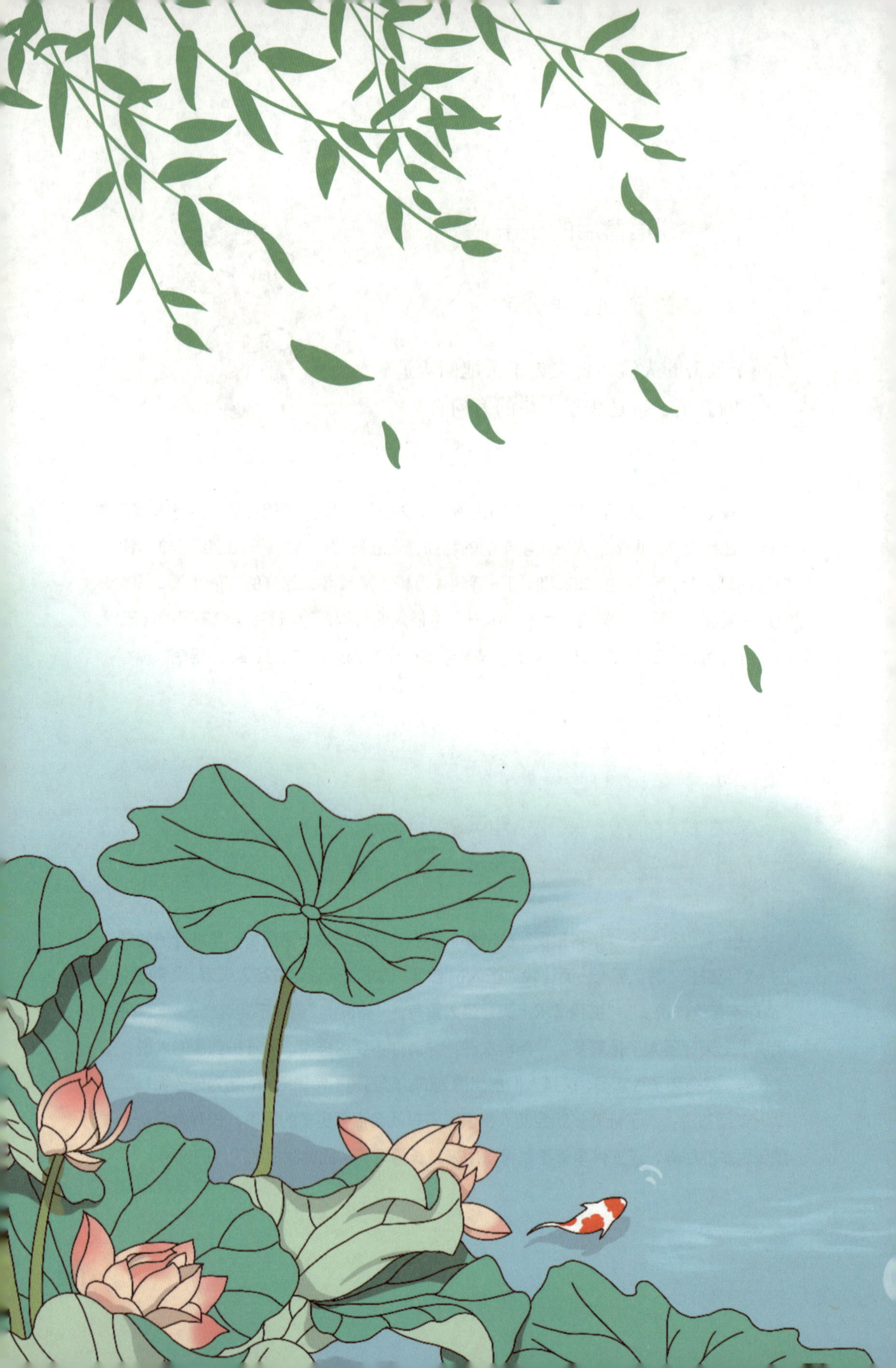

四·天道 天运

天道，自然的规律，不可抗拒，也不可改变，

顺应自然而动，不可妄为。

天运，即各种自然现象无心运行而自动。

万物运行，受其本身规律支配，人为干预则无济于事。

只可意会,不可言传

指道理奥妙,难以说明。
也指情况微妙,不能明说。

一、背景故事

有一次，齐桓公在堂上看书，轮扁在堂下砍制车轮，轮扁放下手中的椎子和凿子走上堂来，问齐桓公："请问您读的是什么样的书啊？"

齐桓公说："我读的是圣人写的书。"

轮扁又问："写这些书的圣人还在世吗？"

齐桓公说："已经死了。"

轮扁说："既然写这些书的圣人已经死了，那么你所读的书不过是古人的糟粕罢了。"

齐桓公说："今天你要是能够说出些道理来那就罢了，要是你说不出道理来，我就要治你的罪。"

轮扁说："请息怒，我是用做车轮子的经验来类比的。做车轮子是一件细致、微妙的活儿，砍木头的时候慢了，做出来的车轮就会松软而不坚固，快了又会滞涩而难以嵌入。要做到恰到好处，其中自有奥妙。但是这种奥妙得之于手而应之于心，嘴又表达不出来。所以我虽然已经七十岁了，但是还找不到接班人，只好自己做。由此类推，圣人死了，他们高妙的思想因为不可亲身言传而随他们一道消失了，因此您所读的书，不过是圣人留下的糟粕罢了！"

二、原文追溯

世之所贵道者，书也。书不过语，语有贵也。语之所贵者意也，意有所随。意之所随者，不可以言传也，而世因贵言传书。世虽贵之，我犹不足贵也，为其贵非其贵也。故视而可见者，形与色也；听而可闻者，名与声也。悲夫，世人以形色名声为足以得彼之情！夫形色名声果不足以得彼之情，则知者不言，言者不知，而世岂识之哉！

——节选自《庄子·天道》

成语出处

成语出自："世之所贵道者，书也。书不过语，语有贵也。语之所贵者意也，意有所随。意之所随者，不可以言传也，而世因贵言传书。"

注释

所贵道者：所值得看重和称道的。
书：书简、书籍。
意：意思，意义。
随：寄寓。

译文

世俗之人认为最值得珍视的载道工具，就是书籍。书籍不过是用语言文字写成的，但这语言文字也有它的可贵之处。语言文字之所以值得珍视在于它有些意思，不过这些意思是寄寓在外的。寄寓在外的意思，实际上是不能用语言文字来表达的，可是世俗之人却因珍视语言文字，便把书籍流传下来。

成语背后的庄子

庄子 的哲学观点

人无法改变这些规律，
只能以明镜之心观察它，顺应它，并从中享受到快乐。

在庄子看来，万事万物的运行都依靠自身的规律。这种规律不管人是否能认识，它都客观存在，却又看不见摸不着。人无法改变这些规律，只能以明镜之心观察它，顺应它，并从中享受到快乐。

成语"只可意会，不可言传"，正是庄子用轮扁的口表达真正的大道是不能用言语表达清楚的观点。庄子的学说是从老子那里继承而来，老子在《道德经》的开篇便说"道可道，非常道"。同时，庄子也指出事物的真情本不可以言传，所谓圣人之言，乃是古人留下的糟粕。尽管庄子所说古人留下的东西都是糟粕有些偏颇，但有些本质的东西难以用语言表达确是事实。

知识补充

齐桓公

齐桓公，春秋五霸之首。他执政期间，任用管仲为相，对内推行改革，实行军政合一和兵民合一的制度，带领齐国逐渐走向强盛。对外，他打出"尊王攘夷"的旗号，九合诸侯，北击山戎，南伐楚国，一匡天下，成为第一个中原霸主。

徒劳无功

白费力气,没有一点成效。

一、背景故事

孔子西游到卫国。颜渊问太师金说:"您认为先生此行会怎么样呢?"
太师金说:"可惜呀,你的老师将会有困难啊!"
颜渊说:"为什么呢?"

太师金说:"这就好比船虽说是水上最好的交通工具,车是陆地上最好的交通工具,但是如果以为船能在水中畅行无阻,就把它用到陆地上来,那是行不通的。古代与现在的不同不就像在水中和在陆地上一样吗?西周时代与现今鲁国的不同不就像船与车的不同一样吗?你的老师想把过去的东西拿到现在来用,这就好比推行把船用在陆地上一样,不仅徒劳无功,自身也必定遭殃。"

一、背景故事

孔子西游于卫。颜渊问师金曰:"以夫子之行为奚如?"师金曰:"惜乎,而夫子其穷哉!"

颜渊曰:"何也?"师金曰:"……夫水行莫如用舟,而陆行莫如用车。以舟之可行于水也,而求推之于陆,则没世不行寻常。古今非水陆与?周鲁非舟车与?今蕲行周于鲁,是犹推舟于陆也,劳而无功,身必有殃。彼未知夫无方之传,应物而不穷者也。"

——节选自《庄子·天运》

成语出处

成语出自:"今蕲行周于鲁,是犹推舟于陆也,劳而无功,身必有殃。彼未知夫无方之传,应物而不穷者也。"

注释

蕲:通"祈",求。
行:推行。
周:此指西周的礼乐制度。
彼:指孔子。
无方之传:谓运转无常,不拘限于一个方向。传,运转。

译文

现在想要把西周的那套典章制度硬搬到鲁国施行,这就好比把船推行在陆地上一样,不仅劳而无功,自身也必定遭殃。孔子不懂得运转的无常,只能顺应事物于无穷的道理。

成语背后的庄子

庄 子 的哲学观点

社会的治理也应顺应大道，违背它就会招来灾祸。

庄子认为社会的治理也应顺应大道，违背它就会招来灾祸。帝王顺应天道发展的规律就天下太平，违背天道发展的规律就会产生祸乱。而随着时代的发展，社会的治理也应随时而变。

庄子认为孔子拼命推行西周那套礼乐制度是白费力气，不会有什么效果的，而应顺时而变。他借太师金的口批评孔子周游列国推行周朝的礼制是不应时变的做法，是行不通的。

知识补充

颜渊

颜渊，春秋末鲁国人。名回，字渊，是孔子最得意的弟子之一，也是孔门七十二贤人之首。颜渊尽管家庭贫穷，但他刻苦好学，极富学问。孔子经常称赞他。不幸的是，颜渊不到四十岁便死了，孔子为此痛心地大呼："天丧我！天丧我！"因为颜渊得到了孔子思想的精髓，后被尊为"复圣"，历代配享孔庙之中。